Caroline Hehenberger
Alexander Tiesenhausen

# VOM DATING-FRUST ZUR GLÜCKLICHEN BEZIEHUNG

**Wie du deine Muster durchbrichst und die Kontrolle über dein Liebesleben zurückgewinnst**

nymphenburger

# Inhalt

## 4. IM EINKLANG MIT SICH SELBST

## 5. VON DER VISION ZUR WIRKLICHKEIT



## 6. ANHANG

# VORWORT

Während unseres gemeinsamen Psychologiestudiums an der Universität Graz hätte niemand von uns beiden gedacht, dass wir mal gemeinsam ein Buch über Beziehungen schreiben würden. Nicht, weil uns das Thema nicht schon immer am Herzen gelegen hat – denn das hat es. Eher, weil auch wir einmal sehr wenig Ahnung davon hatten, was es wirklich braucht, um eine langfristig glückliche Beziehung zu führen. Mit unserer wachsenden Erfahrung im Bereich der psychologischen Forschung, Beratung und Therapie haben wir jedoch sehr viel über das menschliche Erleben und Verhalten in Beziehungen lernen dürfen. Wir haben erkannt, dass die notwendigen Grundlagen für erfüllende Beziehungen durchaus bekannt und hinreichend erforscht sind, aber dass den meisten Menschen der Zugang zu diesem Wissen fehlt. Wenn es nach uns ginge, gäbe es ein Fach in der Schule, in dem wir von klein auf emotionale Bildung erfahren und uns wichtige Beziehungsfähigkeiten aneignen dürften. Denn wenn wir nicht das Glück haben, diese von zu Hause mitzubekommen (und sind wir ehrlich, das haben die Wenigsten von uns), müssen wir sie uns im Laufe unseres Erwachsenenlebens mühsam aneignen.

Auch wir haben schmerzliche Beziehungserfahrungen gemacht und mussten viel dazulernen und an uns arbeiten. Wir wissen aus erster Hand, wie viel Stress, Angst und Leid ungesunde Beziehungen verursachen können und wie schwierig es ist, den Kreislauf der eigenen Muster zu durchbrechen. Wir durften jedoch auch erfahren, wie authentische und sichere Beziehungen das eigene Leben bereichern und ihm eine besondere Tiefe und Bedeutung schenken können. Über die Jahre unserer Ausbildung und unserer praktischen Tätigkeit konnten wir unabhängig voneinander wertvolle Erfahrungen sammeln und herausfinden, wie man den großen Herausforderungen der Beziehungsgestaltung richtig begegnet. Mittlerweile blicken wir auf die Arbeit mit unzähligen Menschen zurück, die wir auf ihrer Reise zu mehr Zufriedenheit in ihrem (Liebes-)Leben unterstützen durften, und das Thema Beziehung ist wortwörtlich zu unserem Herzensthema geworden. Unsere ähnlichen Zugänge und Einstellungen zu dem Thema waren schließlich der Grund für uns, dieses Projekt gemeinsam in Angriff zu nehmen und so die besten Ansätze aus unserem »Me-

thodenkoffer« in diesem Buch zu vereinen. Auf dieser Reise kommen wir nicht umhin, zunächst uns selbst besser kennenzulernen und uns so anzunehmen, wie wir sind – mit all unseren Erlebnissen, Facetten und Eigenheiten. Denn indem wir eine wertschätzende Beziehung zu uns selbst aufbauen, bilden wir die Grundlage für andere erfüllende Beziehungen in unserem Leben.

Dieser Weg ist bei Weitem nicht einfach und noch schwerer, wenn man ihn alleine gehen muss. Leider hat nicht jeder den Zugang zu individueller, professioneller Unterstützung, auch wenn jeder Mensch gleichermaßen davon profitieren würde. Aus diesem Grund ist dieses Buch unser Weg, um unser Wissen über Beziehungen für so viele Menschen wie möglich zugänglich zu machen. Wir haben uns dabei an unserer Praxiserfahrung und an den Inhalten orientiert, die Menschen auf der Suche nach einer Beziehung am meisten weiterhelfen konnten. Alle Übungen, die du in diesem Buch findest, sind daher auch etwas, das wir in unserem Arbeitsalltag aktiv nutzen. Mit ihnen geben wir dir eine Art Landkarte an die Hand, mit der auch du dich auf deine persönliche Reise zu erfüllenden Beziehungen begeben kannst – zu dir selbst und zu anderen. Wir freuen uns wahnsinnig darüber, auf diese Weise ein Teil deiner Reise sein zu dürfen. Schön, dass du da bist.

*Caroline & Alexander*

## DIE DUNKLE WOLKE DER UNGESUNDEN BEZIEHUNGEN

# DIE SUCHE NACH DER LIEBE

**Wir alle sehnen uns nach dem Gefühl, geliebt zu werden.** Nicht umsonst werden über kaum ein anderes Thema mehr Filme gedreht, Lieder geschrieben und Bücher verfasst. Dieses Buch stellt in dieser Hinsicht keine Ausnahme dar. Auch wir wollen uns dem Thema der Liebe widmen, dem zutiefst menschlichen Grundbedürfnis, von anderen akzeptiert zu werden und Nähe und Zärtlichkeit zu erfahren. Doch während wir alle uns nach Liebe sehnen, können verschiedene Faktoren dazu beitragen, dass es schwierig ist, diese Liebe zu empfangen oder sie anzunehmen, wenn sie uns entgegengebracht wird. Oft sind uns die Gründe dafür überhaupt nicht bewusst, oder wir vermeiden es, uns damit zu beschäftigen. Dann befinden wir uns womöglich in der Lage, dass es uns schwerfällt, Menschen zu vertrauen und ihre Nähe zuzulassen, oder wir finden uns immer wieder in Beziehungen, in denen wir nicht glücklich sind oder die uns Kummer bereiten. Wir fragen uns, was mit uns nicht stimmt, warum wir niemanden finden, oder warum wir immer wieder an die falschen Personen geraten. Vielleicht fragen wir uns auch, was mit der Gesellschaft, den Männern, Frauen oder der Datingwelt falsch läuft.

### Wo liegt der Grund für unser vermeintliches Scheitern?

Die Antwort: bei all diesen Punkten und bei keinem dieser Punkte. Ja, wir selbst, die Gesellschaft, andere Menschen, die Datingwelt etc. tragen dazu bei, wie und ob wir romantische Beziehungen führen. Gleichzeitig ist nichts davon alleine ausschlaggebend dafür, ob wir nun die Liebe finden und pflegen können oder nicht. Es ist eine Kombination von vielen Faktoren, die auf die Art und Weise, wie wir anderen begegnen, einwirken. Doch das Einzige, worauf wir wirklich einen Einfluss haben, ist unser Umgang mit uns selbst und unser Umgang mit diesen verschiedenen Faktoren, die uns im Außen wie in unserem Inneren beeinflussen. Denn es sind unsere inneren Prozesse, die steuern, wie wir über uns selbst und über andere Menschen denken, wie wir uns ihnen gegenüber verhalten und was wir benötigen, damit wir uns glücklich und ausgeglichen fühlen. Die Wenigsten von uns haben jedoch bewusste Einsicht in diese Prozesse, denn dies erfordert intensive Selbstreflexion und die Auseinandersetzung mit unseren Schattenseiten. Ohne das Wissen über diese Prozesse laufen wir blind durchs Leben und können häufig nur im Nachgang sagen, ob etwas nun gut für uns war oder eben nicht. So finden wir uns immer wieder in ähnlichen Beziehungsdynamiken wieder, die uns letztlich nicht glücklich machen – wissen jedoch nicht, wie wir daran etwas verändern können. Doch je besser wir uns selbst kennen und verstehen, desto mehr können wir auch auf diese Prozesse und unser Verhalten einwirken und sie zu unseren Gunsten verändern.

**Du kannst es dir so vorstellen:** Der Weg zu einer erfüllenden Beziehung ist wie das Training für eine anspruchsvolle Tanzperformance. Anstatt sofort einen Tanzpartner oder eine Tanzpartnerin zu suchen, beginnt die Reise auf dem leeren Tanzparkett mit dem Training deiner Schritte, Balance und Ausdrucksfähigkeiten. Hier werden die Fähigkeiten geschärft, die für eine harmonische und erfüllte Beziehung erforderlich sind – von der Fähigkeit zur Kommunikation bis zur Kunst der Empathie. Erst wenn du deine eigenen Schritte beherrschst, kannst du auf die Tanzfläche der Beziehung treten und mit einem Partner oder einer Partnerin im Einklang tanzen. Die Zeit, die du investiert hast, um deine eigenen Fähigkeiten zu entwickeln, spiegelt sich dann in der Anmut und Leichtigkeit wider, mit der du dich mit einem anderen Menschen bewegst. Es ist, als ob du zunächst die Choreografie deines eigenen Glücks einstudierst, bevor du den perfekten Tanzpartner oder die perfekte Tanzpartnerin findest, um gemeinsam das Ballett des Lebens aufzuführen.

**Aber genug vom Tanzen – jetzt geht es ums Lesen!** Wenn du dieses Buch in der Hand hältst, bist du höchstwahrscheinlich auch auf der Suche nach der Liebe. Vielleicht hast du auch schon den ein oder anderen Ratgeber zu diesem Thema gelesen (oder zumindest gekauft), bist daraus aber noch nicht ausreichend schlau geworden und fragst dich nun, warum das bei diesem Buch anders sein sollte. Wir wollen es dir sagen: Zunächst ist das, was du hier in den Händen hältst, kein normales Buch – es ist ein umfassendes Arbeitsbuch. Das bedeutet, dass du dir neues Wissen nicht nur in geschriebener Form zuführst, sondern aktiv dazu eingeladen wirst, hilfreiche Übungen zu vielen Themen durchzuführen. Und wie wir bereits in Schulzeiten gelernt haben: Es ist eine Sache, Dinge nur zu hören oder zu lesen, aber eine ganz andere Sache, sich selbst mit Stift und Papier hinzusetzen und das Gelernte

## DIE CHOREOGRAPHIE DES GLÜCKS

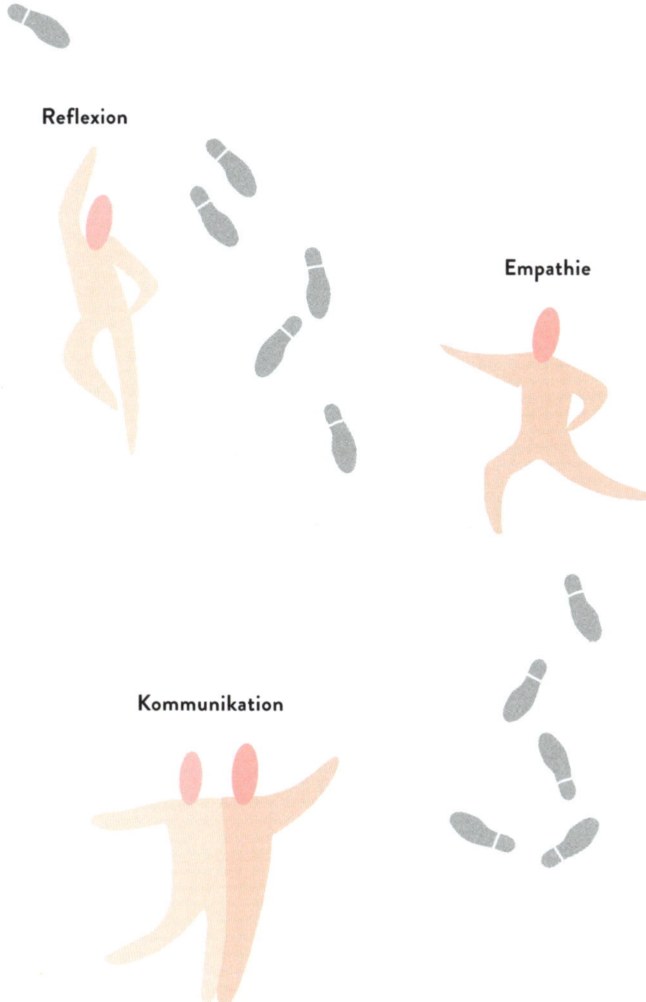

## DER EIGENE WEG ZUR LIEBE

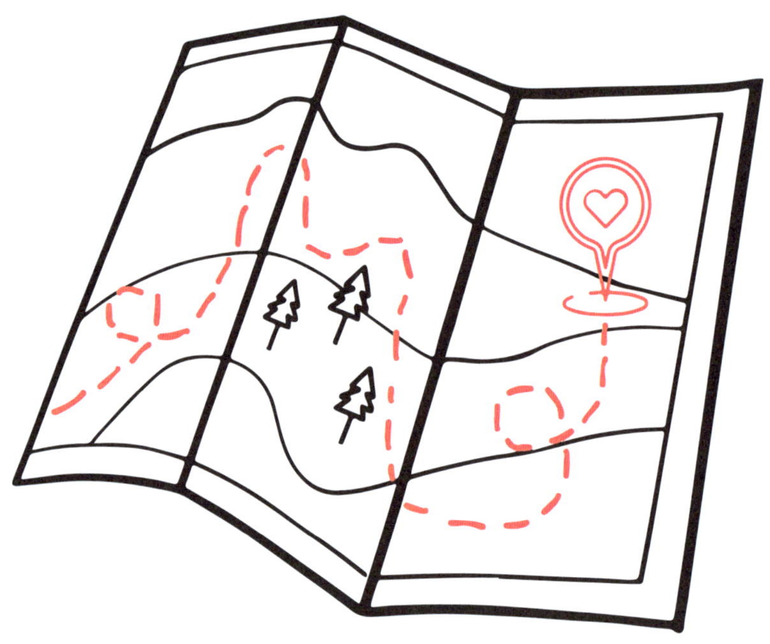

Auch wenn du dich einmal verläufst oder hier und da einen Umweg nimmst – du hast die Kraft, deinen Weg selbst zu gestalten!

anzuwenden. Es bleibt auf diese Weise einfach besser hängen. Des Weiteren behauptet dieses Buch nicht, die Antworten auf alle Fragen zu haben. Die Erkenntnisse, die wir hier für dich zusammengefasst haben, stützen sich auf wissenschaftliche Erkenntnisse und psychologische Praxiserfahrung, doch letztendlich können sie dir nur eine Richtung weisen. Den Weg musst du selbst gehen und dabei herausfinden, welche Abzweigungen sich für dich am stimmigsten anfühlen. Es gibt keinen Weg, der für alle passt, aber wir wollen dir dennoch dabei helfen, deine eigene Landkarte zu erstellen. Und nicht zuletzt setzt dieses Buch weiter vorne an, als viele andere Werke, die sich um Liebe und Beziehungen drehen. Es ist keine Anleitung, wie du den Partner oder die Partnerin deiner Träume anziehst oder wie du richtig flirtest. Vielmehr ist es ein Wegweiser, wie du eine gute Beziehung zu dir selbst aufbaust und so die Grundlage für eine glückliche Beziehung zu anderen Menschen schaffst. Denn du musst nicht darauf warten, dass die richtige Person in dein Leben tritt, um eine glückliche Beziehung aufbauen zu können. Du kannst dein Beziehungsglück im Hier und Jetzt selbst erschaffen, indem du deine schädlichen Muster überwindest und so die Kontrolle über dein Liebesleben zurückgewinnst – sodass du dann, wenn du die richtige Person kennenlernst, auch wirklich bereit für sie bist.

## BEVOR DU MIT DEM ARBEITSBUCH LOSLEGST:

- Die Kapitel dieses Arbeitsbuches wurden von uns so gestaltet, dass sie aufeinander aufbauen – das heißt, dass dir das Wissen und die Erkenntnisse vorangehender Kapitel in späteren Übungen helfen werden. Wir empfehlen dir daher, das Arbeitsbuch chronologisch zu bearbeiten. Es ist jedoch auch nicht schlimm, wenn du die eine oder andere Übung auslässt, was uns auch schon zum nächsten Punkt führt:
- Es ist vollkommen normal, wenn bei der Auseinandersetzung mit den Themen dieses Arbeitsbuchs Gefühle in dir hochkommen. Lasse diese zu und reflektiere, was sie dir sagen wollen, denn sie halten wertvolle Informationen für dich bereit! Auch wenn du bemerkst, dass bei manchen Übungen innerer Widerstand entsteht, ist das in Ordnung. Häufig ist das ein Hinweis dafür, dass dieser Bereich besondere Aufmerksamkeit benötigt. Wenn der Widerstand oder die Gefühle jedoch zu groß oder zu unan-

genehm werden, mache eine Pause und kehre – wenn du möchtest – später noch einmal zu der Übung zurück.

- Dieses Arbeitsbuch ist ein psychologischer Ratgeber für das Aufarbeiten schädlicher Muster und das Stärken der Beziehung zu dir selbst. Den persönlichen Kontakt mit einem Experten oder einer Expertin in diesem Bereich kann es jedoch nicht ersetzen. Falls du das Gefühl hast, dass du weitergehende Unterstützung bei deinen Themen benötigst, findest du diese am besten bei ausgebildeten Psycholog:innen oder Psychotherapeut:innen.

## Eingangsreflexion

Um dich nun direkt ins Tun kommen zu lassen, haben wir hier eine erste Reflexionsübung für dich. Die Eingangsreflexion dient dir als Orientierungshilfe. Beantworte die Fragen aus dem Bauch heraus – du kannst deine Antworten auch gerne mit der Zeit ergänzen.

Wichtig: Was du einmal hier festgehalten hast, sollte auch stehen bleiben, denn im Laufe deiner Arbeit wirst du hin und wieder dazu zurückkehren.

- **Welche persönlichen Ziele möchtest du mit diesem Arbeitsbuch erreichen?**

................................................................................

................................................................................

................................................................................

Was ändert sich für dich und in deinem Leben dadurch, dass du diese Ziele erreichst?

- **Das würde ich öfter denken:**

- **Das würde ich seltener denken:**

- **Das würde ich öfter fühlen:**

- **Das würde ich seltener fühlen:**

- **Das würde ich öfter tun:**

- **Das würde ich seltener tun:**

**Eine glückliche Beziehung entsteht durch ihre bewusste Gestaltung.**

# 1. Wissen, wonach man sucht

Bevor wir beginnen, über Beziehungen zu sprechen, müssen wir zunächst einmal beleuchten, wie es überhaupt dazu kommt, dass wir Beziehungen eingehen. Man sollte meinen, dass eine Beziehung dann entsteht, wenn sich zwei Menschen bewusst dazu entscheiden, dass sie ihr Leben (oder zumindest einen Teil davon) miteinander verbringen möchten. In der Realität hat die Art und Weise, wie wir unsere Beziehungen führen, jedoch meist nur sehr wenig mit bewussten Entscheidungen zu tun.

# WELCHE BEZIEHUNG WÜNSCHST DU DIR?

**Meist ähnelt der Start in eine Beziehung eher einem Blindflug,** den wir mit blauäugigem Optimismus starten und dann einfach darauf hoffen, dass wir am Ende an unserem Ziel landen werden. Wenn wir dabei ein Gefühl von Kontrolle über unsere Gefühle und unser Verhalten erleben, ist dies meist nur eine Illusion – denn die Wahl unserer Partner:innen basiert zu einem sehr großen Teil auf unseren Prägungen, Mustern und Bedürfnissen, die unseren Flug aus dem Schatten heraus steuern. So kommt es häufig vor, dass unsere Beziehungen – scheinbar wie vom Schicksal gewollt – immer wieder zum Scheitern verurteilt sind, wir nur auf Partner:innen treffen, die uns nicht so lieben können, wie wir es brauchen, oder dass es uns von Haus aus schwer fällt, zu anderen Menschen tieferen Kontakt aufzubauen.

**Doch der Treiber dieser enttäuschten Hoffnungen ist nicht das Schicksal** und das ist auch gut so. Denn gegen das Schicksal kannst du wenig ausrichten – gegen die unbewussten Mechaniken deines Selbst allerdings schon. Genau diese unerkannten Antreiber sind es nämlich, die uns Erfahrungen wiederholen lassen, von denen wir eigentlich schon nach dem ersten Mal genug hatten. So wird dich auch ein großer Teil dieses Arbeitsbuchs dabei unterstützen, dir das Unbewusste hinter deinen Beziehungs-Erlebnissen ins Bewusstsein zu holen und so die tatsächliche Kontrolle über dein Liebesleben zu erlangen.

**Aber eins nach dem anderen!** Bevor wir tiefer in die Psychologie hinter unseren Beziehungen eintauchen und uns der Frage widmen, wo unsere Muster eigentlich herkommen und wie man sie verändern kann, setzen wir noch etwas weiter vorne an, nämlich bei der Frage, welche Art von Beziehung du dir eigentlich wünschst. Indem du dir ein solches Ziel als Orientierungspunkt setzt, kannst du nicht nur vermeiden, dass du dich verirrst oder dich von unwichtigen Dingen ablenken lässt (z. B. Beziehungen, die nicht deinen

Wünschen entsprechen), du erhältst auch eine klare Richtung für deine persönliche Entwicklung.

**Du kannst dir den Weg zu deiner glücklichen Beziehung daher vorstellen wie eine Landkarte:** Um in die richtige Richtung zu laufen, benötigst du ein klares Ziel – und um auf Kurs zu bleiben, einen gut kalibrierten Kompass. Die erste Übung dient daher der Definition dieses Ziels: die ideale Beziehung, die du gerne hättest. Du darfst dabei ruhig groß träumen und deiner Fantasie und deinen Wünschen freien Lauf lassen. Natürlich wird das keine Checkliste für deinen zukünftigen Partner oder deine zukünftige Partnerin sein. Niemand ist perfekt, doch die Punkte, die dir in dieser Übung einfallen, repräsentieren das, was dir wichtig ist – und das ist ein Ziel, auf das du hinarbeiten kannst!

»Unsere Beziehungen ähneln meist einem Blindflug, in dem wir uns unbewusst von unseren Prägungen, Mustern und Bedürfnissen steuern lassen – das Gefühl von Kontrolle ist nur eine Illusion.«

Caroline

# Übung 1: Deine ideale Beziehung

Schreibe in kurzen Sätzen auf, wie du dir deine ideale Beziehung vorstellst. Wie fühlst du dich in einer erfüllten, glücklichen und sicheren Beziehung? Inkludiere positive Erfahrungen aus früheren Beziehungen (oder Beziehungen, die dir als Vorbild dienen) und Dinge, die du dir wünschst.

**Beispiel:**

- Wir haben zusammen Spaß. Wir können offen über Gefühle reden.
- Ich habe genug Freiheiten. Ich vertraue meinem Partner/meiner Partnerin.
- Ich kann mich authentisch zeigen. Ich werde gehört.

**Hinweis:** Achte darauf, dass du diese Dinge positiv formulierst: Anstatt „Wir streiten nicht" schreibe „Wir finden immer Lösungen".

- **Wie stellst du dir deine ideale Beziehung vor?**

.....................................................................................................

.....................................................................................................

.....................................................................................................

.....................................................................................................

.....................................................................................................

.....................................................................................................

**Zu daten und Beziehungen zu führen ist vieles, aber nicht einfach** – so ehrlich müssen wir sein. Es ist ein ständiges Lernen, Anpassen und Hinterfragen, und das ist auch gut so, denn jeder Mensch befindet sich in einem ständigen Veränderungs- und Entwicklungsprozess! Der größte Vorteil, den du dir in dieser Herausforderung zunutze machen kannst, ist das Wissen über dich selbst. Je besser du dich selbst kennst und je genauer du weißt, was du dir wünscht und was du nicht möchtest, desto besser stehen deine Chancen, eine langfristig glückliche und erfüllte Beziehung zu führen. Denn Beziehungsfähigkeit ist genau das: eine Fähigkeit. Das Gute an Fähigkeiten ist, dass man sie verbessern und ausbauen kann – und das beginnt genau hier, mit dem Wissen darüber, was du von einer Beziehung willst. Wir alle haben unterschiedliche Vorstellungen davon, was eine »ideale Beziehung« ausmacht. Diese Vorstellungen basieren auf unseren Bedürfnissen und den innersten Überzeugungen und Werten, die wir vertreten. Unsere Werte bezeichnen dabei ein Konstrukt aus Glaubenssätzen, Überzeugungen und Qualitäten, die unserem Leben einen tieferen Sinn geben und bestimmen, auf welche Weise und vor allem mit wem wir es leben. Idealerweise decken sich unsere Werte zu einem großen Teil mit denen unserer Partner:innen – denn dann werden wir tendenziell weniger Konflikte erleben, vor allem in Bezug auf Zukunftsfragen oder Entscheidungen.

Im Einklang mit den eigenen Werten zu leben – wenn also deine Worte und Handlungen mit deinen tiefen Überzeugungen übereinstimmen – hat eine sehr positive Wirkung. Du erlebst dadurch weniger innere Konflikte und Zweifel und fühlst dich zufrieden und im Gleichgewicht. Ein Leben, das nach deinen Werten ausgerichtet ist, ist authentisch und »im Flow« – man spricht hier auch von *Kongruenz*. Wenn wir jedoch ein Leben führen, das nicht unseren Werten entspricht oder sogar gegen unsere Werte verläuft, fühlen wir uns innerlich zerrissen, wütend oder ausgebrannt und erleben Entscheidungsschwierigkeiten, tiefe Unzufriedenheit oder Selbstzweifel. Man spricht hier auch von *Dissonanz*.

**KONGRUENZ**

**Dein Verhalten, deine Beziehungen und deine Ziele stimmen mit deinen Werten überein.**

+ Das Gefühl, sich auf dem richtigen Weg zu befinden
+ Wenig innere Konflikte und Zweifel
+ Harmonie und Zufriedenheit
+ Authentizität, Stimmigkeit

**DISSONANZ**

**Dein Verhalten, deine Beziehungen und deine Ziele stimmen nicht mit deinen Werten überein.**

– Das Gefühl, mit sich selbst nicht im Reinen zu sein
– Starke, innere Konflikte und Zweifel
– Wut, Frustration, Ausgebranntheit, Lustlosigkeit, Sinnlosigkeit

*»Je besser du dich selbst kennst und je genauer du weißt, was du dir wünschst und was du nicht möchtest, desto besser stehen deine Chancen, eine langfristig glückliche und erfüllte Beziehung zu führen.«*

Alexander

# NACH DEINEN WERTEN LEBEN

**Deine Werte stellen einen exzellenten Kompass dar,** der dir den richtigen Weg für dein Leben und deine Beziehungen weisen kann! Nun ist es allerdings so, dass den wenigsten Menschen ihre Werte auf Abruf bewusst sind. Oft werden unsere inneren Werte auch durch äußere Einflüsse überdeckt. Dann geschieht es, dass wir nach den Werten unserer Eltern, unseres Umfeldes, unserer Kultur oder der Gesellschaft leben, anstatt unsere eigenen Werte zu repräsentieren. Und nicht zuletzt ist es eine Sache, sich seiner eigenen Werte bewusst zu sein – und nochmal eine ganz andere, im eigenen Alltag auch konsequent nach diesen zu handeln. In der Realität ist es nämlich so, dass das, was wir uns wünschen oder wovon wir überzeugt sind, nicht zwangsläufig das ist, was wir auch leben. Bestimmt hast auch du schon Menschen getroffen, die dir von ihren Wünschen und Zielen erzählt haben und sich dann völlig gegenteilig verhielten. Vor allem in Beziehungen ist das häufig zu beobachten. Beispielsweise gibt es viele Menschen, die ihren Wunsch nach einer festen Beziehung kundtun, sich dann jedoch nur auf etwas Oberflächliches einlassen oder Personen daten, die ganz andere Vorstellungen und Ziele haben. Die alte Weisheit »Gegensätze ziehen sich an« mag hier zwar bis zu einem gewissen Grad stimmen, aber sind die Unterschiede im Weltbild und der generellen Lebenseinstellung zu groß, erfordert es enorm viel Aufwand, Kommunikation und Kompromissbereitschaft, um sie auf Dauer zu überbrücken. Das macht eine langfristige, glückliche Beziehung schwieriger. Nicht zuletzt gibt es auch gewisse Unterschiede, die man vielleicht auch gar nicht versuchen sollte zu überbrücken – man kann keine halbe Ehe führen und auch keine halben Kinder bekommen.

**Die Dissonanz, die entsteht, wenn wir uns in Beziehungen mit Partner:innen befinden,** deren Verhalten oder Einstellungen unseren Grundwerten nicht entsprechen (oder wenn die Art der Beziehung gegen unseren Wertekompass geht), zeigt sich meist sehr deutlich. Es sind Beziehungen, in denen man das Gefühl hat, »falsch« zu sein, sich verbiegen zu müssen, immer anzuecken, und Angst davor hat, die eigenen Gefühle oder Gedanken zu teilen. In solchen Beziehungen wird häufig über Grundsatzthemen oder Zukunftsfragen gestritten und eine Krise jagt die Nächste. Auch wenn das, wenn man es schwarz auf weiß liest, so klingt, als wären solche Beziehungen zum Scheitern verurteilt, gibt es Menschen, die viele Jahre oder sogar Jahrzehnte in genau solchen Beziehungen verbringen. Diese Menschen sind oft sehr »gut« darin, ihre Gefühle und Bedürfnisse hinten anzustellen, weil sie häufig von klein auf nichts anderes gelernt haben. Die Beziehungen dieser Menschen enden meist erst dann, wenn sie beginnen, ihre Wünsche ernst zu nehmen und für sie einzustehen und der Partner oder die Partnerin diese Veränderung einfach nicht mittragen kann. Das Ende einer solchen Beziehung – so traurig es auch sein mag – kann sich manchmal wie ein regelrechter Befreiungsschlag für die Person anfühlen, die gelernt hat, zu sich zu stehen. Denn während es anfangs oft befremdlich oder ungewohnt ist, im eigenen besten Interesse zu handeln, ist es doch etwas, das einen geradezu magischen Effekt auf uns hat. Bedürfnisse werden erfüllt, Gefühle anerkannt und der Selbstwert steigt... eine Veränderung, die sich für die Person, die sie durchläuft, mit jedem Schritt raus aus den alten Mustern immer besser anfühlt. Wir wollen damit nicht sagen, dass deine Beziehung (falls du gerade in einer bist) enden wird, nur weil du beginnst, nach deinen Werten zu leben. Eine Beziehung braucht Differenzen genauso wie Gemeinsamkeiten, denn die Wenigsten von uns fänden wohl einen Menschen anziehend, der exakt gleich tickt wie wir selbst. Aber auch diese Differenzen zu unseren Partner:innen sollten weitgehend mit unserem inneren Wertekompass vereinbar sein.

**Interessant wird das Ganze dann,** wenn die Differenzen nicht daraus entstehen, dass Verhaltensweisen oder Einstellungen deines Partners oder deiner Partnerin nicht mit deinen Werten übereinstimmen, sondern wenn du deine Werte zwar kennst und diesen Maßstab auch an deine Partner:innen anlegst, selbst jedoch nicht nach diesen Werten handelst. Denn die harte Wahrheit ist, dass man von einem anderen Menschen nichts einfordern kann, was man selbst nicht zu geben bereit ist. Wenn dir beispielsweise Ehrlichkeit wichtig ist und du dir jemanden an deiner Seite wünschst, der ehrlich zu dir ist, dann können aufrichtige Konversationen nur entstehen, wenn auch du selbst ehrlich bist. Legst du Wert auf Offenheit und wünschst dir jemanden, der offen über Gefühle und Probleme spricht, wirst du selbst auch bereit sein müssen, über diese Themen zu sprechen und auf sie einzugehen. Die Straße geht nun mal in beide Richtungen.

**Aber nun genug von der Theorie – jetzt geht es um deine Werte!** In der Beschreibung deiner idealen Beziehung hast du bewusst oder unbewusst bereits deine persönlichen Werte zusammengefasst. In der nächsten Übung kannst du sie nun konkretisieren. Dies hilft dir nicht nur dabei, Entscheidungen zu treffen, die dich deiner idealen Beziehung näherbringen, sondern auch langfristige Harmonie in dieser zu unterstützen.

EHRLICHKEIT IN EINER BEZIEHUNG

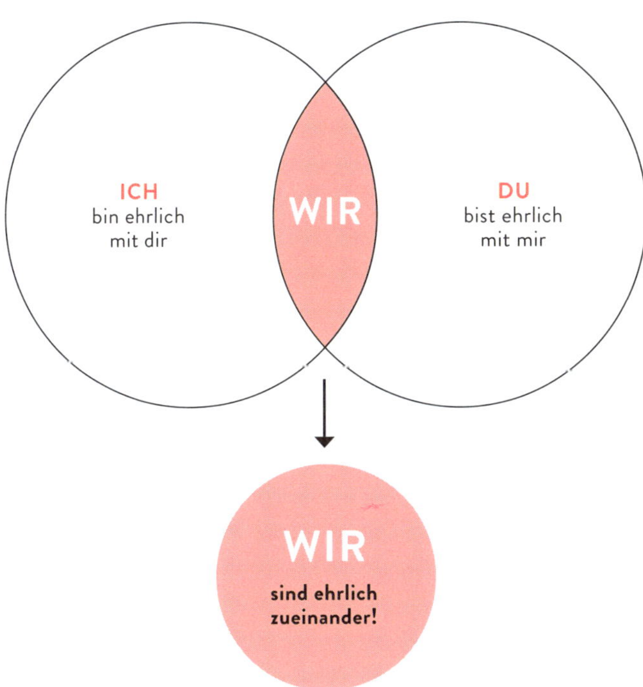

# Übung 2: Dein Wertekompass

Blättere zurück zur Übung 1 auf Seite 18. Trage die Werte, die sich aus deiner idealen Beziehung ableiten lassen, dann rechts in deinen Wertekompass ein.

| **Beispiel** | **Werte** |
|---|---|
| „Mein Partner und ich können offen und ehrlich über alles sprechen, was uns beschäftigt." | Offenheit, Ehrlichkeit |
| „Ich fühle mich sicher und kann meinem Partner / meiner Partnerin vertrauen." | Vertrauen, Ehrlichkeit |
| „Ich fühle mich von meinem Partner / meiner Partnerin akzeptiert, so wie ich bin." | Akzeptanz, Toleranz |
| „Mein Partner / meine Partnerin und ich entwickeln uns gemeinsam weiter." | Wachstum |
| „Gemeinsam können wir lachen und neue Dinge unternehmen." | Humor, Spaß, Abenteuerlust |
| „Ich kann immer noch meinen persönlichen Interessen nachgehen und Dinge nur für mich tun." | Autonomie, Freiheit |

**Beispiele Kompass:**

- Ehrlichkeit
- Spaß
- Offenheit

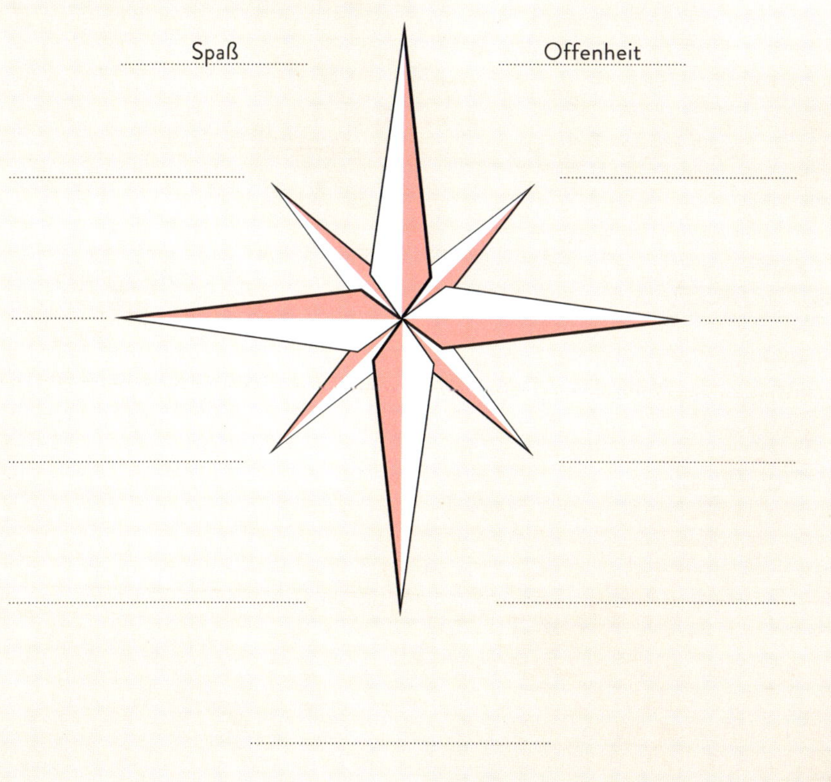

## DEINE WERTE LEITEN DICH

**Die Auseinandersetzung mit deinen persönlichen Werten und Überzeugungen** kann dich nicht nur deiner idealen Beziehung näher bringen, sondern auch zu einem erfüllteren und glücklicheren Leben führen. Indem du diese Werte reflektierst und sie in dein Bewusstsein holst, können sie dir nicht nur dabei helfen, Entscheidungen zu treffen, die dich deiner idealen Beziehung näher bringen – die Kongruenz, die du dadurch erreichst, stärkt auch dein authentisches Selbst und steigert dein allgemeines Wohlbefinden.

**Wenn du beispielsweise Wert auf Ehrlichkeit und Offenheit legst,** kannst du diese Werte nicht nur in deiner Beziehung, sondern auch in anderen Bereichen deines Lebens anwenden und dadurch authentischer und transparenter agieren. Wenn du Wert auf gemeinsame Hobbys und Interessen legst, kannst du diese auch außerhalb einer Beziehung aktiv verfolgen und dadurch neue Freunde und Bekanntschaften gewinnen.

**Um dein Leben und deine Beziehungen nach diesen Werten auszurichten,** ist es zunächst wichtig herauszufinden, welche deiner Werte du noch nicht (vollständig) lebst, also wo in deinem Leben aktuell noch Dissonanz besteht. Denn nicht alle Werte, die uns in Beziehungen wichtig sind, sind auch etwas, das wir selbst voll und ganz leben. Die Veränderungen, die nötig sind, um nach deinen Werten zu leben, können entweder subtil und auch sehr fundamental sein. Manchmal ist es auch sehr schwierig, konsequent für die eigenen Werte einzustehen, insbesondere wenn man in der Vergangenheit negative Erfahrungen damit gemacht hat. Eventuell machen es dir deine Muster oder Prägungen schwer, dich zu öffnen und authentisch auf andere Menschen zuzugehen.

**Wenn du denkst, dass du hier oder an anderen Stellen noch etwas Nachholbedarf hast,** musst du dir keine Sorgen machen, denn im Rest des Arbeitsbuchs werden wir noch weiter auf diese Themen eingehen. In Kapitel 2 erwartet dich die nähere Beschäftigung mit den Mustern, die dein Verhalten und dein Empfinden in Beziehungen beeinflussen. Denn je besser du dich selbst kennen- und verstehen lernst, desto einfacher wird es dir auch fallen, positive Veränderungen herbeizuführen!

# Übung 3: Kongruenz in deinen Werten

Die letzte Übung dieses Kapitels hilft dir zu erkennen, bei welchen deiner Werte du noch Dissonanz erlebst, und wie du dein Leben und deine Beziehungen authentischer gestalten kannst.

**Reflektiere deinen Wertekompass:**

- Welche deiner Werte spiegeln sich noch nicht (genug) in deinem Verhalten wider?

- Was müsstest du öfter/seltener tun, um diese Werte authentischer zu leben?

- Wenn du schon Erfahrung mit Beziehungen hast: Welche Werte wurden bisher nicht gelebt? Was könntest du in zukünftigen Beziehungen anders machen?

Mit Selbstreflexion
und bewusstem Handeln
gestaltest du dein
Leben nach deinen
Vorstellungen.

# Das solltest du dir aus diesem Kapitel merken

- **Unbewusste Entscheidungen und Einflüsse**

Alle deine Beziehungen werden durch unbewusste Muster und Prägungen beeinflusst. Solange du dir nicht bewusst machst, wie dich deine Erfahrungen und inneren Überzeugungen lenken, ist es sehr schwer, etwas zu verändern. Je besser du dich selbst kennst, desto eher findest du auch jemanden, der wirklich zu dir passt.

- **Deine ideale Beziehung**

Die Definition deiner idealen Beziehung gibt dir ein klares Ziel, an dem du deine Entscheidungen ausrichten kannst. Du benötigst dann nur noch die Selbstdisziplin, um „Nein" zu allem zu sagen, was nicht deinen Wünschen und Bedürfnissen entspricht und wo du auch keine Kompromisse eingehen willst.

- **Beziehungsfähigkeit und Authentizität**

Wir können unsere Beziehungsfähigkeit verbessern, indem wir Selbstkenntnis gewinnen und unsere Handlungen mit unseren tiefen Überzeugungen abstimmen. Dadurch gewinnen wir an Selbstvertrauen und reduzieren innere Zweifel und Konflikte und wirken authentischer und selbstbewusster auf andere.

- **Wie man seine Werte lebt**

Deine Werte dienen dir als innerer Kompass und zeigen dir durch unangenehme Gefühle wie Frustration, Schuldgefühle oder Wut, wenn du dich von ihnen entfernst. Stimmen deine Werte mit denen deines Partners oder deiner Partnerin nicht überein, zeigt sich das meist in Konflikten, Zweifeln und Unerfülltheit. Hier ist es besonders wichtig, für deine Werte einzustehen, um dich in der Beziehung nicht selbst aufzugeben.

Das Verständnis für dich selbst ist nicht selbstverständlich.

# 2.

# Den eigenen Mustern auf der Spur

Unser Verhalten und unsere Erfahrungen laufen nach bestimmten Mustern ab, die uns meist gar nicht wirklich bewusst sind – wir bemerken sie nur dann, wenn sich bestimmte negative Erlebnisse wiederholen, ohne dass wir gefühlt etwas dagegen tun können. Diese Muster sind kein Zufall. Sie werden meist schon früh geprägt und sind an sich nichts Schlechtes, denn sie entstehen, um dich zu schützen oder etwas auszugleichen. Indem du damit beginnst, deine Prägungen zu beleuchten und ihre Auswirkungen zu verstehen, kannst du hinderliche Muster aufdecken und sie durch gesündere Strategien ersetzen.

# DER URSPRUNG DEINER BEZIEHUNGSMUSTER

**Vielleicht hast du einen der folgenden Sätze von dir selbst oder Menschen in deinem Umfeld schon einmal gehört:**

- »Ich habe einfach Pech in der Liebe«
- »Ich ziehe immer die Falschen an«
- »Heutzutage will sich niemand mehr binden«
- »Man kann niemandem vertrauen«
- »Ich werde sowieso immer nur enttäuscht«

**Sätze wie diese begleiten viele Menschen,** die in Sachen Beziehung vermeintlich besonders hartnäckiges Pech haben. Es erscheint ihnen wie vorbestimmt, dass sich ihre schmerzhaften Erfahrungen immer wiederholen und sich ihre negativen Überzeugungen dadurch bestätigen. Doch genauso wenig, wie das Schicksal daran schuld ist, dass es mit der Liebe nicht so recht klappen will, spiegeln diese negativen Überzeugungen die Realität wieder – auch wenn es den Betroffenen oft so vorkommt. Warum wir uns nicht auf unserem »Pech« oder verallgemeinernden Überzeugungen ausruhen sollten? Weil sie uns die Möglichkeit nehmen, aus eigener Kraft etwas an unserer Situation zu verändern. Natürlich kann es manchmal guttun, eine höhere Macht für unser Unglück verantwortlich zu machen – aber es nimmt uns auch unsere Handlungsfähigkeit.

Viel eher sollten wir uns auf die Dinge konzentrieren, die unsere Beziehungen greifbar und nachweislich beeinflussen. Tatsächlich gibt es viele handfeste Faktoren, die dazu beitragen können, dass es einigen Menschen schwerer fällt, enge Beziehungen aufzubauen und zu pflegen. Einige dieser Faktoren können beispielsweise durch vergangene Erfahrungen oder frühe Prägungen bedingt sein, wie beispielsweise eine schwierige Kindheit oder traumatische Erlebnisse, die zu einem Mangel an Vertrauen oder Selbstwertgefühl geführt haben. Aber auch unsere Persönlichkeitsmerkmale, Verhaltensmuster oder Einstellungen können einen Effekt darauf haben, ob und wie wir Beziehungen führen. An dieser Stelle wollen wir jedoch ausdrücklich festhalten, dass jeder Mensch die grundsätzliche Fähigkeit hat, glückliche Beziehungen zu führen, auch wenn dies nach bestimmten negativen Erfahrungen schwierig sein kann oder man manche Beziehungs-Fähigkeiten erst erlernen muss.

In diesem Kapitel wollen wir daher die Prägungen aus deiner Kindheit beleuchten, die deine Beziehungen beeinflussen. Dazu werden wir uns auch den Glaubenssätzen und Überzeugungen widmen, die dich in deinen Beziehungen zurückhalten, und dich durch den Prozess führen, Altes und Hinderliches loszulassen.

**Hinweis:** In diesem Kapitel werfen wir einen Blick auf die Vergangenheit und die Erfahrungen, die deinen Bindungsstil geprägt haben. Leider können nicht alle von uns auf eine sorglose und glückliche Kindheit zurückblicken. Die Auseinandersetzung mit unangenehmen Themen kann Stress oder negative Gefühle auslösen. Sollte das bei dir der Fall sein, gehe liebevoll und sensibel mit dir selbst um und mache Pausen, wo du sie brauchst. Nachfolgend findest du außerdem zwei Übungen, die du jederzeit nutzen kannst, um Stress und negative Emotionen loszulassen und dich in kurzer Zeit wieder im Hier und Jetzt zu erden.

## MIT SCHWIERIGEN EMOTIONEN UMGEHEN

# Übung 4: Anti-Stress-Übungen

1 **Die 4/6-Atemtechnik**

Die Erinnerung an unangenehme Erfahrungen kann Stress auslösen und unser Nervensystem in Alarmbereitschaft versetzen. Deine Atmung ist ein guter Weg, um aus dem Stress-Modus deines Nervensystems wieder herauszukommen.

Wenn du gestresst bist, beginnst du schneller und flacher zu atmen – um dich zu entspannen solltest du daher tief, langsam und gleichmäßig atmen und etwas länger ausatmen als einatmen. Dabei sind 6 Atemzüge pro Minute eine gute Atemfrequenz, um Stress loszulassen und wieder in einen entspannten Zustand zurückzufinden.

- Setze dich bequem hin oder lege dich entspannt auf den Rücken.
- Entspanne deine Muskulatur: Arme, Beine, Gesäß, Kiefer.
- Atme 4 Sekunden lang ein.
- Atme 6 Sekunden lang aus.
- Atme dabei bewusst in deinen Bauch, sodass er sich bei jedem Atemzug ausdehnt und wieder zusammensinkt.
- Führe diese Übung mindestens 5 Minuten lang durch, um die beste Wirkung zu erzielen!

**Du kannst diese Übung auch in Stress-Situationen in deinem Alltag anwenden.**

Aber auch Entspannung ist Übungssache – führe diese Atemtechnik daher am besten einmal täglich durch (z. B. direkt vor dem Einschlafen), um sie in einer Stress-Situation direkt anwenden zu können!

## 2 Den Stress abschütteln

Es hat sich herausgestellt, dass das Schütteln unseres Körpers – oder verschiedener Körperteile – dabei helfen kann, Verspannungen und Traumata zu lösen[1]. Wenn wir unseren Körper schütteln, beruhigen wir unser Nervensystem und bringen es in einen neutralen Zustand, indem wir Adrenalin verbrennen und Muskelverspannungen lösen. Es kann auch dabei helfen, rasende Gedanken zu beruhigen oder negative Emotionen zu reduzieren.

**Diese nächste Technik kannst du direkt im Anschluss an die 4/6-Atemtechnik anwenden oder sie alleinstehend nutzen.**

- Stelle dich an einem Ort hin, wo du genug Platz um dich herum hast.
- Beginne, deine Hände und Arme vor deinem Körper auszuschütteln.
- Schüttle deine Beine, deine Hüfte, deine Schultern und deinen Kopf.
- Lass die Bewegungen nach und nach immer größer werden.
- Stell dir dabei vor, dass du den Stress wortwörtlich von dir „abschüttelst“.
- Führe das Schütteln so lange durch, wie es sich für dich gut anfühlt – meist stellt sich nach ein paar Minuten ein Gefühl der Leichtigkeit und Entspannung ein.
- Lasse deine Bewegungen dann allmählich kleiner werden, bis du wieder vollständig zur Ruhe kommst.
- Spüre dem verbleibenden Kribbeln in deinen Gliedmaßen ein paar Momente lang nach.

## DIE 4 BINDUNGSSTILE

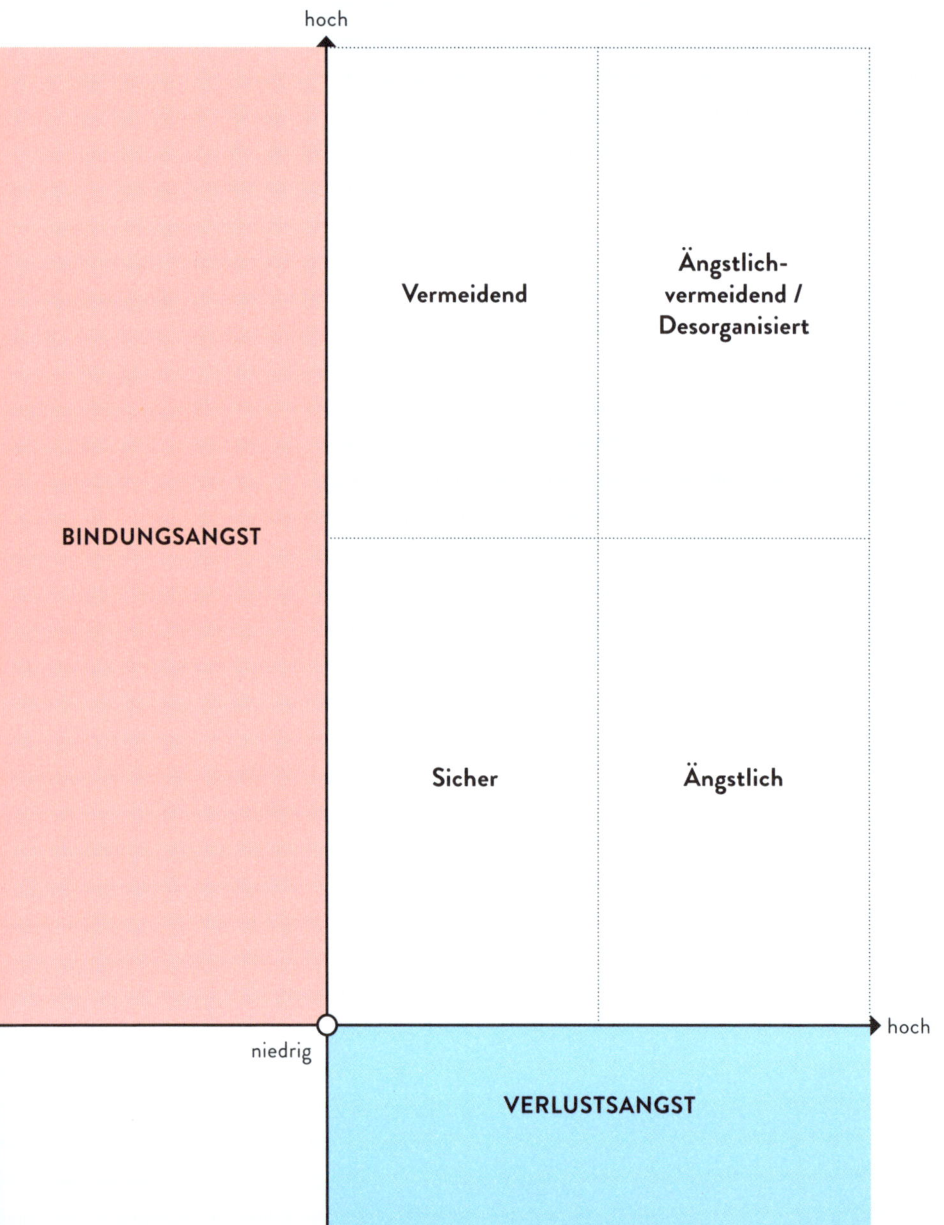

# WELCHER BINDUNGSTYP BIST DU?

**Um den Zusammenhang zwischen deinen Prägungen** und deinen Beziehungen näher zu erklären, wollen wir zunächst einmal beleuchten, warum wir uns überhaupt nach Beziehungen sehnen und warum wir, selbst nachdem wir verletzt, enttäuscht und gekränkt wurden, uns immer noch einen Menschen an unserer Seite wünschen, mit dem wir die Liebe und das Leben teilen können. Aus psychologischer Sicht findet sich die Antwort auf diese Frage in der Bindungstheorie[(2)]. Laut dieser haben Menschen ein angeborenes Bedürfnis, enge und von intensiven Gefühlen geprägte Beziehungen (sog. Bindungen) zu ihren Mitmenschen aufzubauen. Ein Kind entwickelt von Geburt an eine spezielle Bindung zu seinen Eltern oder anderen wichtigen Bezugspersonen. Diese veranlasst das Kind, bei Gefühlen wie Bedrohung, Angst oder Schmerz bei seinen Bezugspersonen Schutz und Beruhigung zu suchen und diese bestenfalls auch konstant zu erhalten. Das Verhalten der Bindungspersonen und die Art, wie wir in den ersten Lebensjahren Zuwendung erfahren, prägt dann u.a. auch unser Bedürfnis nach Nähe und Distanz in späteren Beziehungen. Wir lernen aus diesen frühen Erfahrungen, wer wir sind und wie wir uns in Beziehungen verhalten müssen, um uns sicher zu fühlen und Zuwendung und Fürsorge zu empfangen. Daraus begründet sich unser erstes Konzept von »Liebe«.

Basierend auf unseren frühkindlichen Erfahrungen mit unseren Eltern (oder Bezugspersonen) bilden wir eine Tendenz zu einem von vier Bindungsstilen, unter denen es einen sicheren und 3 unsichere Stile gibt:

- Der sichere Bindungsstil
- Der ängstliche Bindungsstil
- Der vermeidende Bindungsstil
- Der ängstlich-vermeidende/desorganisierte Bindungsstil

Wenn unsere Eltern uns vermitteln können, dass wir gut sind, so wie wir sind, und uns ihre Liebe und Aufmerksamkeit ohne Bedingungen zukommen lassen, entwickeln wir meist ein gesundes Selbstwertgefühl und die Überzeugung, dass Beziehungen Sicherheit und Glück bedeuten. Man spricht in diesem Fall auch von einem sicheren Bindungsstil. Wenn wir hingegen um Liebe und Aufmerksamkeit kämpfen oder sie uns erst verdienen müssen, oder wenn unsere Bedürfnisse vernachlässigt und unsere Emotionen ignoriert wurden, sieht das oft ganz anders aus. Durch solche negativen Erfahrungen entsteht häufig ein sogenannter unsicherer Bindungsstil. Besonders wenn unsere körperlichen oder psychischen Grenzen missachtet wurden, erleben wir Beziehungen später womöglich als etwas Unsicheres oder sogar Bedrohliches, in dem wir nur ein Minimum dessen bekommen, was wir uns eigentlich wünschen oder brauchen. Doch dies ist uns vielleicht gar nicht bewusst, da wir nie etwas anderes erleben durften – es ist unser »Normal«.

## DER SICHERE BINDUNGSSTIL

Personen mit sicherem Bindungsstil sind zufrieden mit sich selbst, sozial, warmherzig und emotional verfügbar – sie sind sich ihrer Gefühle bewusst und können sie ausdrücken. Dadurch neigen sie dazu, tiefe, glückliche und lang anhaltende Beziehungen aufzubauen. Dies liegt daran, dass diese Menschen in ihrer Kindheit positive Erfahrungen mit ihren Bezugspersonen machen durften (oder negative Erfahrungen erfolgreich aufgearbeitet haben) und gelernt haben, dass Beziehungen Glück und Sicherheit bieten. Menschen mit diesem Bindungsstil können unsicher gebundene Partner:innen in ihrem Heilungsprozess gut unterstützen, indem sie ihnen die nötige emotionale Verfügbarkeit und Stabilität bieten. Dabei ist jedoch auch für die sicher gebundene Person wichtig, die eigenen Bedürfnisse nicht aus den Augen zu verlieren und nicht die Verantwortung für die Heilung des Partners oder der Partnerin zu übernehmen!

**Eigenschaften von sicheren Bindungstypen:**

- Haben positive Einstellungen zu Beziehungen
- Kommunizieren klar, woran du bei ihnen bist, spielen keine Spielchen
- Können Emotionen offen zeigen, gut regulieren und kommunizieren
- Fühlen sich mit Nähe, Intimität und Verbindlichkeit wohl
- Können sich selbst und ihren Partner:innen gesunde Freiräume lassen
- Haben tendenziell eine positive Einstellung zu sich selbst und zu anderen

## DER ÄNGSTLICHE BINDUNGSSTIL

Personen mit dem ängstlichen Bindungsstil sehnen sich sehr nach Nähe und Bestätigung durch andere. Sie sind bereit, sehr viel zu geben, um die Zuneigung ihres Gegenübers zu gewinnen und erleben in Beziehungen oft starke Verlustängste. Häufig wurden bei diesen Menschen Bedürfnisse nach emotionaler Beständigkeit in der Kindheit nicht erfüllt, daher haben sie später Angst davor, verlassen zu werden und können mit Distanz nur schlecht umgehen. Menschen mit diesem Bindungsstil kann es helfen, negative Erlebnisse und Verlusterfahrungen aufzuarbeiten und das eigene Selbstwertgefühl zu steigern. Für sie ist es außerdem sehr wichtig, gut abzuwägen, auf wen sie sich einlassen, da sie häufig an Partner:innen geraten, die ihre Unsicherheiten und Verlustängste durch ihr Verhalten noch weiter bestärken.

**Eigenschaften des ängstlichen Bindungstyps:**

- Überspringen im Kennenlernprozess gerne einige Schritte und lassen sich sehr schnell auf eine enge Beziehung ein
- Suchen viel und häufig Kontakt und werden schnell unsicher, wenn dies nicht erwidert wird
- Tendieren dazu, das Verhalten anderer überzuanalysieren und eifersüchtig zu sein
- Versuchen häufig, über Sex emotionale Bindung herzustellen
- Scheuen Konfrontationen und stellen ihre Bedürfnisse meist hinten an
- Haben tendenziell eine positive Einstellung zu anderen und eine negative Einstellung zu sich selbst

## DER VERMEIDENDE BINDUNGSSTIL

Personen mit vermeidendem Bindungsstil sind oft sehr selbstbewusst und wirken durch ihre Eigenständigkeit attraktiv für andere Personen. Sie haben jedoch starke Angst vor Nähe und emotionaler Intimität und eine generell negative Erwartungshaltung gegenüber Beziehungen, da sie Beziehungen mit einem Verlust ihrer Unabhängigkeit oder Individualität verbinden. Um sich zu schützen, betonen sie gerne ihre Unabhängigkeit und weisen andere Menschen, die ihnen emotional zu nahe kommen, vor-

## Interessant

Personen mit dem ängstlichen Bindungsstil ziehen Partner:innen mit vermeidendem Bindungsstil oft geradezu „magisch" an. Jemand, der sehr viel Nähe, Bestätigung, Verständnis und Sicherheit braucht, landet also bei einer Person, die ihr das nicht geben kann, da sie Intimität vermeidet und emotional nicht verfügbar ist. Diese Dynamik ergibt sich daraus, dass die Bindungsmuster der ängstlichen Person in dieser Beziehung perfekt bestätigt werden: Wahrscheinlich kennt sie Beziehungen nur als ewigen Kampf um Aufmerksamkeit, verbunden mit der permanenten Sorge, verlassen zu werden. Also klammert sie und versucht, ihren Wert zu beweisen, was der vermeidenden Person natürlich zu viel ist – sie geht auf Abstand. Nun wird das Muster bestärkt: Die ängstliche Person fühlt sich in ihrer Überzeugung, nicht gut genug zu sein, bestätigt und kompensiert mit ihrem Schutzverhalten, z. B. indem sie versucht, noch mehr für die andere Person zu tun. Ein Teufelskreis. Und was hält die vermeidende Person in der Beziehung? Die Tendenz, andere Menschen wegstoßen, führt auch bei Vermeider:innen zu Einsamkeit. Eine:n Partner:in zu haben, die sie trotz allem nicht verlässt, ist in ihrem Fall perfekt. So können sie sich ihre Freiheit bewahren und ihre Muster aufrechterhalten, müssen aber nicht gänzlich auf eine Beziehung verzichten. Und das resultierende Drama sorgt dafür, dass es nie „langweilig" wird und bietet eine schöne Ablenkung von den eigenen Problemen. Nichts davon passiert jedoch bewusst oder mit bösen Gedanken, und meist sind beide Partner:innen nicht wirklich glücklich in dieser Dynamik.

sorglich von sich aus zurück. Dieses Verhalten entsteht tendenziell dadurch, dass diese Menschen in ihrer Kindheit emotional vernachlässigt wurden und so lernten, sich selbstständig zu beruhigen und ihre Gefühle zu unterdrücken. Menschen mit diesem Bindungsstil sollten versuchen, Beziehungen langsam angehen zu lassen, klare Grenzen zu kommunizieren und schrittweise zu üben, mehr Nähe zuzulassen. Vor allem sicher gebundene Partner:innen können ihr starkes Bedürfnis nach Freiraum gut mittragen, ohne mit Klammern oder Verlustängsten zu reagieren.

**Eigenschaften des vermeidenden Bindungstyps:**

- Haben eher negative Einstellungen zu Beziehungen
- Präsentieren sich als übermäßig eigenständig
- Brauchen in Beziehungen viel Freiraum und fühlen sich schnell eingeengt
- Vermeiden emotionale Intimität, ziehen sich bei zu viel Nähe zurück, nehmen ungerne Hilfe von anderen an
- Tendenziell positive Einstellung zu sich selbst, negative Einstellung zu anderen

## DER ÄNGSTLICH-VERMEIDENDE ODER DESORGANISIERTE BINDUNGSSTIL

Personen mit ängstlich-vermeidendem Bindungsstil lassen sich am schwierigsten einordnen. Da sie eine Mischung aus dem ängstlichen und vermeidenden Bindungsstil sind, schwanken sie zwischen dem Wunsch nach Nähe und der Angst vor Nähe. Das macht das Verhalten dieser Menschen für andere schwer nachvollziehbar und unberechenbar. Diese Tendenz kommt meistens daher, dass diese Menschen als Kinder keine einheitliche Bindungsstrategie entwickeln konnten, da die Bezugspersonen als unberechenbar oder bedrohlich wahrgenommen wurden. Man spricht aus diesem Grund auch von einem desorganisierten Bindungsstil. Dieses Muster wiederholt sich später oft in ihren Partnerschaften. Da dieser Bindungsstil meist mit stark negativen oder traumatischen Erfahrungen in der Kindheit einhergeht, empfiehlt es sich, diese Themen im Rahmen von Psychotherapie oder psychologischer Beratung mit professioneller Unterstützung aufzuarbeiten.

**Eigenschaften des ängstlich-vermeidenden Bindungstyps:**

- Sehr inkonsistentes Verhalten, suchen manchmal viel Nähe und ziehen sich dann wieder zurück
- Haben oft Probleme damit, jemandem zu vertrauen und sich zu öffnen

- Beenden Beziehungen häufig von sich aus, aus Angst davor, verlassen zu werden (Selbstsabotage)
- Suchen sich oft unbewusst Partner:innen aus, die ihre Angst verstärken
- Haben tendenziell eine negative Einstellung zu sich selbst und zu anderen

Unsere kindlichen Bindungserfahrungen beeinflussen somit auch noch im Erwachsenenalter, wie wir unsere Beziehungen (er-)leben. Bei Menschen, die mit solchen sogenannten »unsicheren Bindungen« aufgewachsen sind, setzen sich unsichere Beziehungsmuster manchmal ihr Leben lang fort. Unser Bindungsstil beeinflusst aus dem Unterbewusstsein, wie wir uns in Beziehungen verhalten und welche Bedürfnisse wir haben. Es wirkt sich von der Auswahl unserer Partner:innen bis hin zum Verlauf (und Ende) unserer Beziehungen aus.

**Ohne es zu wollen,** landen Menschen mit unsicherem Bindungsstil immer wieder in ähnlichen Beziehungen oder geraten immer an die vermeintlich »falschen Partner:innen« – obwohl diese genau genommen gar nicht falsch

*»Jeder Mensch hat die grundsätzliche Fähigkeit, glückliche Beziehungen zu führen, auch wenn dies nach negativen Erfahrungen schwierig sein kann oder man manche Beziehungs-Fähigkeiten erst erlernen muss.«*

Alexander

**OBJEKTIV RICHTIG vs. SUBJEKTIV RICHTIG**

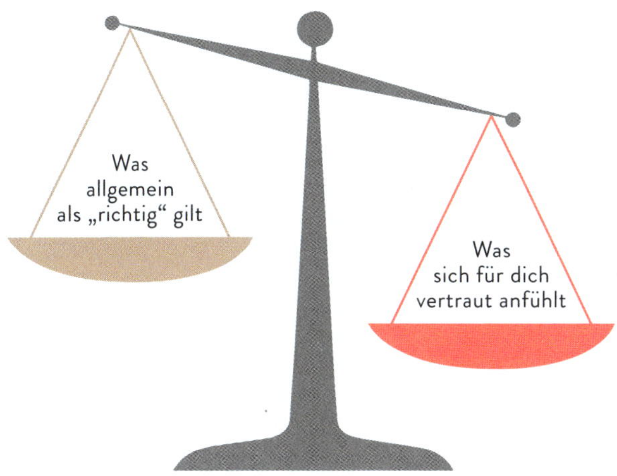


sind, da sie perfekt zu ihren Bindungsmustern passen. Etwas objektiv »Falsches« kann sich dann auf seltsame Weise enorm vertraut und richtig anfühlen. Denn wir fühlen uns wohl mit dem, was wir kennen und was wir gelernt haben, wodurch wir unbewusst dazu neigen, Bindungserfahrungen zu wiederholen. Andererseits kann es auch dazu kommen, dass nähere Beziehungen unbewusst gänzlich vermieden werden, wenn der Schmerz der früheren Erfahrungen zu groß war. Es ist wichtig zu beachten, dass der eigene Bindungsstil nicht starr ist und sich im Laufe des Lebens ändern kann. Menschen können auch unterschiedliche Bindungsstile in verschiedenen Beziehungen zeigen. Sich des eigenen Bindungsstils bewusst zu werden, kann dabei helfen, die eigenen Bedürfnisse und Schwächen in einer Beziehung zu verstehen und daraus zu lernen. Auch indem wir unsere Bindungswunden aufarbeiten, können wir die Fähigkeit, positive und unterstützende Beziehungen aufzubauen und aufrechtzuerhalten, stärken. Es lohnt sich daher, die eigenen Bindungserfahrungen sowohl im Hinblick auf die eigene Kindheit als auch auf aktuelle Beziehungen zu reflektieren!

# Übung 5: Bindungswunden

In dieser Übung versetzt du dich zurück in deine Kindheit und versuchst, sie durch die Augen des Kindes zu sehen, dass du einmal warst. Das kann etwas schwierig sein, da wir uns manchmal kaum an unsere frühen Jahre erinnern – es geht dabei jedoch weniger um konkrete Erlebnisse und mehr darum, wie du die Dinge damals wahrgenommen hast.

Denke zunächst an die Beziehung zu deinen Eltern und beginne dabei mit deinen frühesten Erinnerungen. Solltest du bei Personen aufgewachsen sein, die nicht deine Eltern waren, kannst du dich in der Übung auch auf sie beziehen. Wie war deine Beziehung zu deinen Eltern? Wie viel Nähe und Unterstützung hast du von ihnen bekommen? Wie sind sie mit dir umgegangen? Was hast du von ihnen gelernt? Was haben sie dir vorgelebt?

- **Meine Erinnerungen an Elternteil 1:**

........................................

........................................

........................................

........................................

........................................

- **Meine Erinnerungen an Elternteil 2:**

....................................................................................................

....................................................................................................

....................................................................................................

....................................................................................................

....................................................................................................

- **Was ich als Kind nicht bekommen habe, mir aber gewünscht hätte:**

....................................................................................................

....................................................................................................

....................................................................................................

....................................................................................................

....................................................................................................

• **Negative Gefühle, die ich immer wieder hatte:**

Versetze dich nun in die Beziehungserfahrungen hinein, die du in deinem Erwachsenenleben gemacht hast (Familie, romantische Partner, Freundschaften etc). Welche unerfüllten Bedürfnisse oder negativen Gefühle aus deiner Kindheit wiederholen sich in deinen späteren Beziehungen? Welche Eigenschaften deiner Eltern erkennst du in anderen nahen Bezugspersonen wieder? Kreise sie ein.

Die Punkte, die du hier findest, können ein Spiegel für deinen Bindungsstil sein. Vielleicht hast du das Glück, dass deine Muster sichere Bindungen widerspiegeln und dich in deinen Beziehungen positiv unterstützen. Falls du negative Muster erkennst, die sich in deinen Beziehungen fortsetzen, kannst du diese reflektieren und daran arbeiten, alte Wunden aufzuarbeiten und neue, positivere Muster zu entwickeln.

Was wir als Kinder in der Bindung zu unseren ersten Bezugspersonen gelernt haben, setzt sich also später wie ein unbewusstes »Programm« in unserem Beziehungsleben fort – und das nicht nur in Paarbeziehungen, sondern meist auch in Freundschaften oder am Arbeitsplatz. Sich des eigenen Bindungsprogramms bewusst zu werden, kann dabei helfen, das eigene Verhalten und Empfinden in Beziehungen zu verstehen und daraus zu lernen. Es lohnt sich daher, die eigenen Muster und Prägungen sowohl im Hinblick auf die eigene Kindheit als auch auf aktuelle Beziehungen zu reflektieren!

»Unsere Wahrnehmung und die Realität haben oft nur sehr wenig miteinander zu tun. Trotzdem beeinflusst unsere Sichtweise maßgeblich unser Wohlbefinden und unsere Lebenszufriedenheit.«

Caroline

# SCHUTZSTRATEGIEN

**Wir Menschen streben grundsätzlich danach, unsere Bedürfnisse zu erfüllen** und negative Gefühle zu vermeiden. Wir versuchen immer eine »Lösung« zu finden, um das zu bekommen, was wir brauchen, auch wenn wir es von unserem Umfeld nicht bekommen. Gerade als Kinder oder Jugendliche sind wir besonders stark auf andere Personen angewiesen, damit sie uns schützen und unsere Bedürfnisse erfüllen. Dadurch tun wir alles, um die Bindung zu unserem Umfeld aufrechtzuerhalten und entwickeln Strategien, um mit den erlebten Mängeln an Liebe oder Fürsorge umzugehen. Diese Strategien dienen jedoch nur dazu, eine ohnehin schon negative Ausgangssituation zu kompensieren und diese für uns erträglich zu machen – sie schützen uns, aber sie können die echte Erfüllung des zugrundeliegenden Bedürfnisses nicht ersetzen.

**Ein Beispiel:** Wir bekommen von unseren Eltern nicht die Nähe oder Anerkennung, die wir eigentlich bräuchten und entwickeln daher eine Strategie, um diesen Mangel auszugleichen und das Bedürfnis dennoch zu erfüllen, zum Beispiel indem wir Aufmerksamkeit auf negative Weise auf uns ziehen, Anerkennung durch schulische oder sportliche Leistung erwirken oder indem wir uns emotional abschotten und die Bedürfnisse vollkommen verdrängen.

**Das Problem dabei ist,** dass sich diese Kompensationsstrategien häufig tief in uns verankern und auch noch aktiv bleiben, wenn das Bedürfnis irgendwann doch wieder ausreichend erfüllt wird. Wir kämpfen auch in späteren Beziehungen hart um Liebe und Aufmerksamkeit, weil sie uns nie bedingungslos geschenkt wurde. Vielleicht können wir die Nähe, die uns unsere Partner:innen geben wollen, auch gar nicht annehmen, weil wir emotional nicht mehr verfügbar sind. Oder wir kompensieren das Bedürfnis nach Anerkennung nach wie vor durch ein übertriebenes Streben nach Erfolg. Häufig bewirken wir durch unser Muster also genau das Gegenteil von dem, was wir eigentlich wollen – wir werden wiederholt verletzt oder schränken uns selbst ein. Der Kreislauf der unerfüllten Bedürfnisse setzt sich fort und es leiden sowohl wir selbst als auch unsere Beziehungen darunter.

**Der Schlüssel zur Veränderung** liegt wie so oft im Verständnis. Je besser du über deine eigenen Muster Bescheid weißt, desto eher kannst du auch damit beginnen, hinderliche Muster zu verändern. Dabei muss erwähnt werden, dass deine Muster nichts sind, für das du dich selbst verurteilen solltest. Denn deine Muster sind nicht gut oder schlecht – sie sind einfach die erlernte Art und Weise, wie du mit der Welt umgehst und dich selbst vor potenziellen Schmerzen und Enttäuschungen schützt. Da diese Schutzstrategien aus der Vergangenheit stammen, sind sie allerdings nicht immer »auf dem neuesten Stand« und können dadurch mehr Schaden anrichten, als sie Gutes tun. In diesen Fällen kann es hilfreich sein zu reflektieren, ob dir deine Muster im Hier und Jetzt noch dienlich sind, oder ob du sie verändern solltest, um dich weiterzuentwickeln und glücklicher zu sein. Sich von alten Mustern zu lösen ist nicht leicht, insbesondere wenn sie tief verwurzelt sind und uns in der Vergangenheit (vermeintlich) geschützt haben. Indem du dir jedoch bewusst wirst, wie deine Muster dich beeinflussen, kannst du beginnen, bewusste Entscheidungen zu treffen und neue Verhaltensweisen zu praktizieren. Und mit der Zeit kannst du auf diese Weise neue Muster entwickeln, die dir dabei helfen, dich besser zu fühlen und erfolgreiche Beziehungen aufzubauen.

## HINDERLICHE SCHUTZSTRATEGIEN

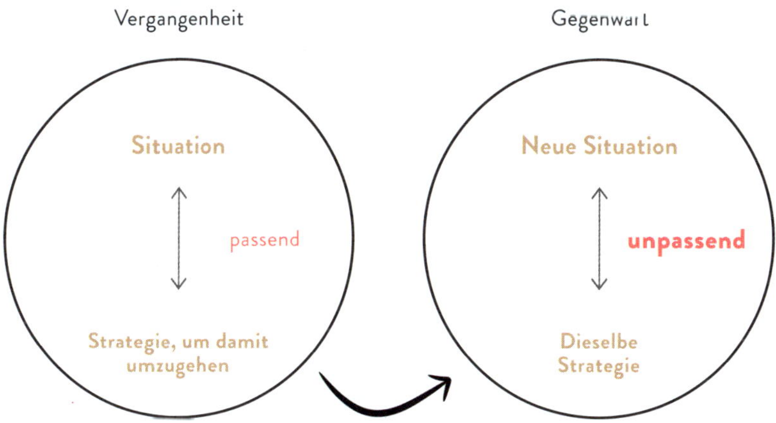


Strategie festigt sich und bleibt über die Zeit hinweg stabil

# Übung 6: Schutzstrategien

Liste die Frustrationen und Wunden aus der Kindheit auf und schreibe dazu, wie du auf sie reagiert hast. Als Frustrationen oder Wunden gelten sämtliche Erlebnisse, durch die deine Bedürfnisse als Kind nicht erfüllt wurden oder durch die du verletzt wurdest. Auch Dinge, die dir aus heutiger Sicht vielleicht unwichtig oder lächerlich vorkommen, können etwas sein, das dich als Kind sehr mitgenommen hat. **Versuche daher, dich in dein kindliches Ich zurückzuversetzen und schreibe auf, was dir in den Sinn kommt, ohne es zu bewerten.**

| Frustrationen / Wunden | | Reaktionen / Verhalten |
|---|---|---|
| z. B. Vater war kaum zu Hause | → | Kämpfte um Aufmerksamkeit |
| Mutter war sehr ängstlich | → | Behielt vieles für mich |
| Bruder war oft krank | → | Stellte meine Bedürfnisse zurück |
| Eltern haben sich oft gestritten | → | Fühlte mich schuldig / hatte Angst |
| | → | |
| | → | |
| | → | |
| | → | |
| | → | |

Die Verhaltensweisen, die du aufgelistet hast, waren dein Weg, um mit den erlebten Frustrationen umzugehen. Sie haben sich in dir als „Schutzstrategie" eingeprägt und wiederholen sich als solche womöglich auch in deinen aktuellen Beziehungen, wo sie dir nicht dienlich sind.

**Reflektiere, welche dieser Reaktionen und Verhaltensweisen sich auf ähnliche Weise in deinen heutigen Beziehungen zeigen – woran erkennst du deine Schutzstrategien und was lösen sie in dir aus?**

→

→

→

→

→

→

→

→

→

# GLAUBENSSÄTZE

**Häufig bewirken unsere Muster vor allem eines:** Sie prägen unsere Annahmen über uns selbst und andere. Diese Annahmen werden auch als Glaubenssätze bezeichnet und sind Überzeugungen, die du über dich selbst, über andere Menschen und über die Welt um dich herum hast. Dadurch prägen sie, wie du deine Realität wahrnimmst, was du tust und nicht tust, wie du dich fühlst und was du in deinem Leben erreichst.

**Die Überzeugungen, die hinter unseren Glaubenssätzen stecken,** sind oft so stark, dass wir gar nicht anders können, als nach ihnen zu leben, auch wenn sie uns mehr schaden als nutzen. Wenn wir zum Beispiel davon überzeugt sind, dass unsere Meinung nicht zählt, oder dass das, was wir wollen, nicht wichtig ist, kann es für uns normal sein, dass unsere Partner:innen kaum auf unsere Interessen und Wünsche eingehen. Obwohl wir uns vielleicht etwas anderes wünschen, ist es für uns schwer, aus den bekannten Mustern auszubrechen, weil wir von gegenteiligen Überzeugungen geleitet werden. Einige Beispiele für solche Glaubenssätze hast du bereits zu Beginn des Kapitels gelesen.

**Unsere Glaubenssätze entstehen aus unseren Erfahrungen** und/oder unserem Umfeld und sind daher erlernt. Viele davon haben wir bereits früh in unserem Leben durch andere Menschen, wie zum Beispiel unsere Eltern und unsere Erziehung, unbewusst verinnerlicht.

Wenn es unseren Eltern beispielsweise sehr wichtig war, was andere Menschen von ihnen denken und was sie tun können, um besser auf andere zu wirken, ist es nicht unwahrscheinlich, dass uns diese Überzeugung in unserem restlichen Leben beeinflusst. Wir glauben, dass das, was andere über uns denken, enorm wichtig ist, und messen dadurch der Meinung anderer zu viel Wert bei oder versuchen, es anderen immer recht zu machen. Dieser Glaubenssatz führt nun vielleicht dazu, dass wir nur schwer Nein sagen können, es uns schwer fällt, Grenzen zu setzen, und unser Selbstbild auf den Reaktionen anderer aufbaut.

**Auch unsere eigenen Erfahrungen spielen eine große Rolle** bei der Entwicklung von Glaubenssätzen. Wenn wir zum Beispiel als Jugendliche aufgrund unseres Aussehens runtergemacht wurden, glauben wir vielleicht noch Jahre später, dass wir nicht schön oder weniger wert sind als andere, obwohl dies gar nicht der Realität entspricht. Als Resultat haben wir ein schlechtes Selbstwertgefühl, vermeiden es, gesehen zu werden oder haben allgemein Schwierigkeiten dabei, Beziehungen zu anderen aufzubauen.

**Das Schwierige an Glaubenssätzen ist,** dass wir sie so sehr verinnerlicht haben, dass wir sie für die Wahrheit halten. Dabei sind sie oft gar nicht in der Realität begründet, sondern basieren auf einem Alles-oder-Nichts-Denken, Übertreibungen oder Übergeneralisierungen. Unsere Wahrnehmung – auch wenn sie für uns wahr ist – hat dadurch oft nur sehr wenig mit der echten Realität zu tun. Trotzdem beeinflusst sie maßgeblich unser Wohlbefinden

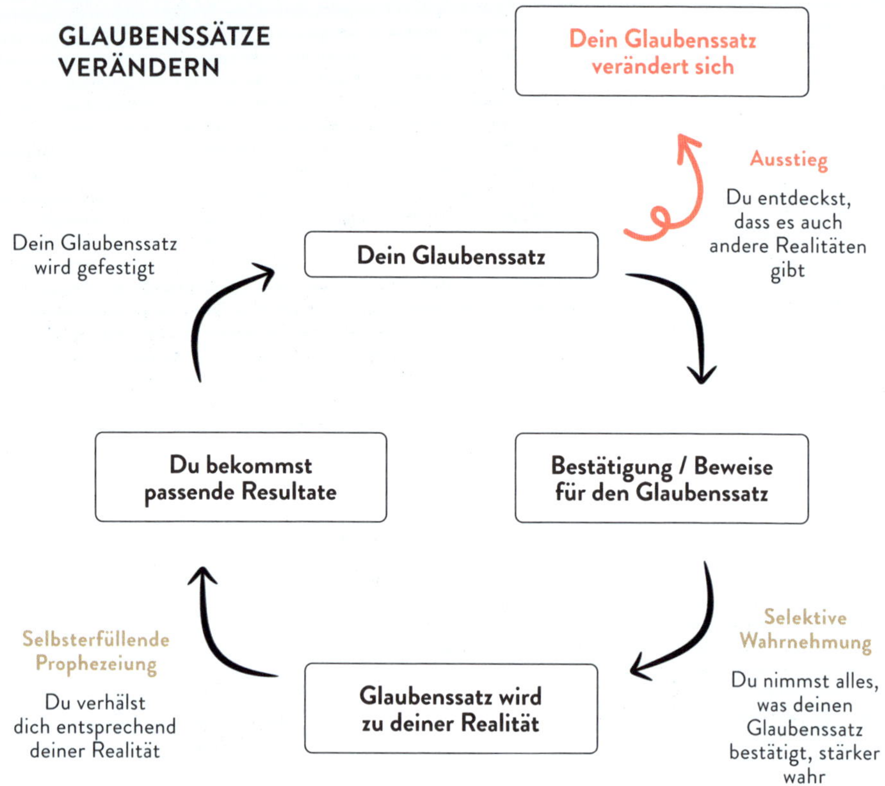


und unsere Lebenszufriedenheit. Denn das, woran wir glauben, beeinflusst, wie wir uns fühlen – und je öfter wir uns etwas einreden, desto stärker glauben wir auch daran. Unsere Glaubenssätze wirken dadurch beinahe wie eine selbsterfüllende Prophezeiung.

**Das Gute daran ist jedoch auch gerade die Tatsache,** dass Glaubenssätze erlernt sind – und das bedeutet im Umkehrschluss auch, dass wir negative Glaubenssätze wieder »verlernen« beziehungsweise durch positive Glaubenssätze ersetzen können. Indem wir uns die Zeit nehmen, unsere tiefsten Überzeugungen zu verstehen, können wir beginnen, unser Denken und Handeln bewusster zu gestalten. Dieser Prozess beinhaltet eine tiefere Selbsterkenntnis und Reflexion, die nötig ist, um herauszufinden, welche Überzeugungen uns auf eine positive und welche auf eine negative Art beeinflussen. Sobald wir unsere Glaubenssätze identifiziert haben, können wir beginnen, sie gezielt zu verändern und so unsere Sicht auf uns und die Welt neu zu gestalten.

**Die Liste deiner negativen Glaubenssätze so vor dir zu sehen,** kann sehr unangenehm sein. Denn sie zeigt vor allem auf, wo du nicht das bekommen hast, was du gebraucht hättest – sie ist aber auch ein Beweis für deine Widerstandsfähigkeit, denn diese inneren Überzeugungen sind etwas, das dich meist unbewusst durch dein Leben begleitet und sich dadurch häufig selbst bestätigt und verstärkt.

Dadurch, dass du deine Glaubenssätze nun kennst, konntest du größere Klarheit darüber gewinnen, was dich in deinem Alltag und deinen Beziehungen zurückhält. Das Bewusstsein darüber ist dabei schon der erste Schritt zu einer positiven Veränderung. Achte in den nächsten Tagen ganz bewusst darauf, wann die innere Stimme deiner Glaubenssätze laut wird – wann hält sie dich zurück, wann verändert sie deine Sichtweise? Versuche, dich selbst dabei zu »ertappen«, wenn du in schädliche Muster oder Überzeugungen tappst und führe einen kurzen Reality-Check durch.

## Die selbsterfüllende Prophezeiung

Eine selbsterfüllende Prophezeiung ist eine Vorhersage oder Annahme, die sich aufgrund der bloßen Tatsache, dass sie geglaubt wird, selbst verwirklicht. Dies geschieht, weil Menschen aufgrund ihrer Überzeugung Handlungen vornehmen, die dazu führen, dass die Prophezeiung wahr wird. Kurz gesagt: Indem man an eine Prophezeiung glaubt, kann man dazu beitragen, dass sie tatsächlich eintritt.

# Übung 7: Glaubenssätze & Bedürfnisse

Blättere zur Übung 6 auf Seite 52 zurück. Die Verhaltensweisen, die du hier aufgelistet hast, waren dein Weg, um mit den Frustrationen deiner Kindheit umzugehen. Häufig entstehen aus solchen Situationen Glaubenssätze über uns selbst, die wir noch viele Jahre danach mit uns herumtragen. Indem wir sie ins Bewusstsein holen und die zugrunde liegenden Bedürfnisse anerkennen, die nicht erfüllt wurden, können wir negative Muster verändern und verhindern, dass sie sich immer wieder selbst bestätigen.

Schreibe die Glaubenssätze auf, die du aus deinen Verhaltensweisen aus dem letzten Kapitel ableiten kannst, sowie die Bedürfnisse, die ihnen zugrunde liegen.

| Glaubenssätze | | Bedürfnisse |
|---|---|---|
| z. B. „Ich muss mir Liebe verdienen" | → | Aufmerksamkeit, Anerkennung |
| „Nur nicht zu viel preisgeben" | → | Sicherheit, Offenheit |
| „Ich darf nicht zu viel Raum einnehmen" | → | Gesehen/gehört werden |
| „Ich verursache nur Probleme" | → | Sicherheit, Harmonie |
| | → | |
| | → | |
| | → | |
| | → | |
| | → | |
| | → | |

## REALITY-CHECK FÜR GLAUBENSSÄTZE

- Dient mir dieser Gedanke oder schränkt er mich ein?
- Wer sagt, dass das so ist? Woher stammt dieser Gedanke?
- Handelt es sich dabei um eine Verallgemeinerung oder um Schwarz-Weiß-Denken?
- Denken andere genauso (über mich)?
- Habe ich auch schon gegenteilige Erfahrungen gemacht?

**Dieser kurze Reality-Check soll dir vor allem dabei helfen,** deine Überzeugungen bewusst zu hinterfragen, bevor du sie einfach als die Realität hinnimmst. Durch diese kritische Auseinandersetzung verhinderst du, dass sich der Glaubenssatz ungehindert auf dein Verhalten auswirkt und du dadurch nach den gleichen alten Mustern handelst. Vielleicht erkennst du dadurch auch, dass du bereits regelmäßig Erfahrungen machst, die dir das Gegenteil beweisen, du sie aber durch die »Brille« deines Glaubenssatzes gar nicht wahrnimmst. Die Reflexion ermöglicht dir dann, Altes neu zu bewerten und zu einem neuen Resümee zu kommen, das vielleicht gar nichts mehr mit deiner alten Überzeugung zu tun hat. Auch indem du dich für neue Erfahrungen öffnest, die deine Glaubenssätze infrage stellen, und dir auf diese Weise sozusagen selbst das Gegenteil beweist, schaffst du es, sie nach und nach zu verändern. Denn deine wahrgenommene Realität ist nicht in Stein gemeißelt – sie darf sich mit dir verändern!

Im nächsten Kapitel werden wir näher darauf eingehen, wie sich negative Erfahrungen und Überzeugungen auf unser Selbstbild und unser Selbstwertgefühl auswirken, und wie wir uns selbst sicherer und wohler in unserer Haut fühlen können.

# Das solltest du dir aus diesem Kapitel merken

- **Jeder hat die Chance auf gesunde Beziehungen**

Wenn Menschen negative prägende Erfahrungen in Beziehungen machen, kann es für sie schwieriger sein, gesunde Beziehungen aufzubauen. Als Erwachsene können wir das jedoch verändern und Beziehungen sozusagen „neu lernen". Dazu darfst du jedoch die Verantwortung nicht länger abgeben oder auf Faktoren schieben, die du nicht beeinflussen kannst, sondern musst erkennen, was dir im Weg steht, und gezielt daran arbeiten.

- **Bindungstheorie und Achtsamkeit**

Wenn als Kind gut auf unsere Bedürfnisse eingegangen wurde und sich unsere Eltern verantwortungs- und liebevoll um uns gekümmert haben, haben wir höchstwahrscheinlich auch gelernt, sichere Bindungen aufzubauen. Mussten wir jedoch um Liebe kämpfen oder wurden wir vernachlässigt, entsteht oft eine unsichere Bindung. Diese Bindungsmuster setzen sich häufig bis in unser Erwachsenenleben fort und beeinflussen, wie wir uns in Beziehungen fühlen und verhalten.

- **Schutz- und Kompensationsstrategien**

Es lohnt sich hinzusehen und deine „schützenden" Verhaltensmuster zu erkennen, die du entwickelt hast, wenn du negative Beziehungserfahrungen machen musstest. Diese Kompensationsstrategien haben dir zum damaligen Zeitpunkt geholfen, mit dem Schmerz oder der akuten Bedrohung umzugehen, stehen dir heute aber womöglich im Weg.

- **Glaubenssätze und ihre Wirkung**

Unsere Glaubenssätze beeinflussen, wie wir die Realität heute wahrnehmen und können sehr destruktiv sein. Indem sie dein Verhalten lenken, bestätigst du dir deine Überzeugungen immer wieder selbst, wodurch deine Glaubenssätze zu einer selbsterfüllenden Prophezeiung werden. Sie zu identifizieren und zu verstehen, wie sie wirken, gibt dir die Möglichkeit, die Kontrolle zu übernehmen und deine schädlichen Glaubenssätze zu entkräften.

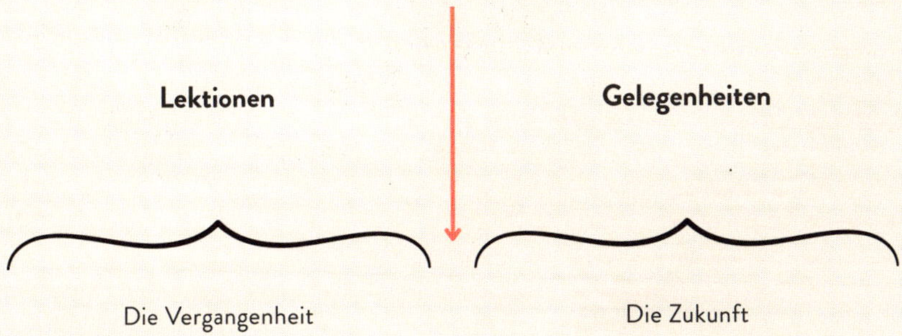

Sei es dir selbst wert,
für das einzustehen,
was du willst.

# 3.
# Der Selbstwert als Schlüssel zum Glück

In diesem Kapitel wollen wir uns einer extrem wichtigen Grundlage für glückliche Beziehungen widmen – sowohl für die Beziehung zu anderen Menschen als auch für die Beziehung zu dir selbst. Diese Grundlage bildet dein Selbstwert, oft auch Selbstwertgefühl genannt. Er beeinflusst, wie du dein Leben und deine Beziehungen gestaltest, was du dir zutraust, wonach du strebst und wie du dich von anderen behandeln lässt.

# WELCHEN WERT SCHREIBST DU DIR SELBST ZU?

**Einfach gesagt beschreibt der Selbstwert den Wert,** den du dir selbst zuschreibst. Bist du mit dir zufrieden? Oder lehnst du dich innerlich selbst ab? Diese Selbstbewertung hat einen großen Einfluss auf dein Wohlbefinden, deine psychische Gesundheit und dein Leben. Mit einer positiven Selbstbewertung gehen zahlreiche angenehme Gefühle einher, wie zum Beispiel Zufriedenheit, Stolz und Freude, die alle zu den positiven Selbstwertgefühlen zählen. Bewertest du dich jedoch negativ, fühlst du womöglich eher negative Gefühle wie Scham, Angst, Schuld, Traurigkeit und Selbstzweifel. Je nachdem, welche dieser Gefühle wir in uns tragen, verhalten wir uns auch unterschiedlich und treffen entsprechende Entscheidungen. Ein hoher Selbstwert hat viele praktische Vorteile: Er macht dich unabhängiger von der Meinung und Kritik anderer, erlaubt dir, gesündere Beziehungen zu anderen Personen einzugehen und macht dich sogar widerstandsfähiger gegenüber Stress und Krankheiten – dein Selbstwert dient dir somit als inneres Schutzschild, fast so, wie ein seelisches Immunsystem.

**Ein schwaches Selbstwertgefühl** kann hingegen zu physischen und psychischen Problemen führen – denn wenn wir das Gefühl haben, wenig wert zu sein, gehen wir auch nicht gut mit uns um und lassen es eher zu, dass auch andere uns nicht gut behandeln. Dadurch enden wir dann auch eher in Beziehungen, in denen wir ausgenutzt und schlecht behandelt werden, was wiederum die Überzeugung von unserem geringen Wert weiter bestärkt.

In diesem Kapitel wollen wir dir dabei helfen, in einen positiven Selbstwert-Kreislauf einzutauchen! Dazu ist zunächst einmal wichtig zu verstehen, welche Bedürfnisse hinter deinem Selbstwert stecken und wie du sie erfüllen kannst.

## WANN DU DENKST, DASS DU ETWAS WERT BIST

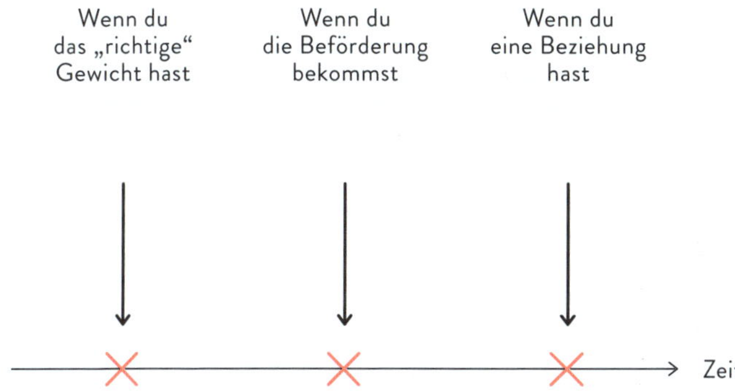


## WANN DU **TATSÄCHLICH** ETWAS WERT BIST

Deinen Selbstwert zu stärken ist eine der besten Investitionen, die du je tätigen wirst.

## DIE 3 GRUNDBEDÜRFNISSE DES SELBSTWERTS

Der Grundstein unseres Selbstwerts wird bereits in unserer Kindheit gelegt – im letzten Kapitel haben wir uns bereits einigen Erfahrungen gewidmet, die uns in dieser Zeit prägen können. Auch unser Selbstwertgefühl wird bereits früh beeinflusst. Grundsätzlich gilt: Wenn wir als Kinder das Gefühl hatten, geliebt und akzeptiert zu werden, genau so, wie wir sind, fällt es uns auch als Erwachsene um einiges leichter, von unserem eigenen Wert überzeugt zu sein.

Wenn die eigenen Bedürfnisse jedoch häufig zu kurz kamen, wir oft kritisiert oder unsere persönlichen Grenzen immer wieder überschritten wurden, kann sich das negativ auf die Entwicklung unseres Selbstwerts auswirken. **Laut der Selbstbestimmungstheorie(3) wird unser Selbstwert aus den folgenden drei Grundbedürfnissen gespeist:**

### 1. Soziale Bindung und Zugehörigkeit

- **Erfüllung des Bedürfnisses durch:** positive zwischenmenschliche Beziehungen und Erfahrungen wie Zuwendung, Liebe, emotionale Unterstützung, Zugehörigkeit und Angenommenwerden, dies kann in familiären Beziehungen, Freundschaften oder romantischen Partnerschaften zum Ausdruck kommen
  → Überzeugung: »Ich bin liebenswert.«

- **Enttäuschung des Bedürfnisses durch:** negative soziale Erfahrungen wie Ablehnung, Ausgrenzung, Enttäuschung, Desinteresse und Einsamkeit
  → Überzeugung: »Ich bin nicht liebenswert« oder »Ich bin unattraktiv/ uninteressant«.

- **Einflüsse in Kindheit und Jugend:** Beziehung zu den Eltern und Qualität der elterlichen Fürsorge, Verluste durch Trennung der Eltern oder Tod eines Elternteils, Konstanz von Bindungspersonen, Beziehungen zu Freunden, drastische Veränderungen des sozialen Umfelds, z. B. durch Umzüge, Mobbing in der Schule, erste Liebe etc.

- **Einflüsse im Erwachsenenleben:** Auch im Erwachsenenalter beeinflussen Beziehungen zu Freund:innen, Partner:innen und Kolleg:innen das Selbstwertgefühl, z. B. durch Trennungen, Hochzeit, Scheidung, Mobbing am Arbeitsplatz etc.

## 2. Kompetenz und Anerkennung

- **Erfüllung des Bedürfnisses durch:** positive Erfahrungen wie persönlichen Erfolg, das Erreichen von Zielen und Anerkennung von anderen
  → Überzeugung: »Ich kann etwas« oder »Ich kann mich auf meine Fähigkeiten verlassen«.

- **Enttäuschung des Bedürfnisses durch:** negative Erfahrungen wie Misserfolge, Scheitern, Hilflosigkeit und Spott oder Kritik von anderen
  → Überzeugung: »Ich kann nichts« oder »Ich bin nicht gut genug« oder »Ich bin unfähig«.

- **Einflüsse in Kindheit und Jugend:** Erfolge oder Überforderung in der Schule, Leistungsprobleme, Erfolg oder Misserfolg bei Prüfungen oder im Hobbybereich (sportliche Wettkämpfe, Talentwettbewerbe) etc.

- **Einflüsse im Erwachsenenleben:** Anerkennung oder Bestätigung durch andere, private und berufliche Erfolge oder Misserfolge etc.

## 3. Autonomie und Selbstbestimmung

- **Erfüllung des Bedürfnisses durch:** das Erleben von Handlungsfreiheit und die Möglichkeit, eigene Entscheidungen zu treffen, selbstbestimmt zu agieren und die eigenen Werte und Präferenzen zu beachten
  → Überzeugung: »Ich darf das tun, was ich für richtig halte« oder »Ich darf eigene Entscheidungen treffen«.

- **Enttäuschung des Bedürfnisses durch:** Zwang, Kontrolle, das Gefühl des Ausgeliefertseins, Einschränkung durch andere, Fremdbestimmtheit
  → Überzeugung: »Ich kann meinen Entscheidungen nicht trauen« oder

»Ich darf nicht tun, was ich will« oder »Ich muss tun, was die anderen von mir verlangen«.

- **Einflüsse in Kindheit und Jugend:** Erziehungsstil der Eltern, die Möglichkeit, selbstständig Entscheidungen zu treffen und Verantwortung zu übernehmen

- **Einflüsse im Erwachsenenleben:** Mitspracherecht bei wichtigen Entscheidungen, die Möglichkeit, eigene Ziele zu verfolgen, das Gefühl, dass die eigenen Meinungen und Wünsche respektiert werden

**Kurz gesagt brauchen Menschen also Liebe, Erfolg und Freiheit,** um einen stabilen Selbstwert zu entwickeln. Werden diese Bedürfnisse ausreichend erfüllt, kann sich ein stabiler Selbstwert entwickeln – werden sie dauerhaft enttäuscht, entsteht hingegen ein instabiler, niedriger Selbstwert und somit eine negative Sicht auf sich selbst. Die Erfüllung dieser Bedürfnisse spielt dabei eine überlebenswichtige Rolle für uns. Die Konsequenz ist nämlich nicht nur, dass wir uns selbst gut finden oder nicht so gut finden – es geht um essenzielle Fähigkeiten für unser Leben: Das Bedürfnis nach sozialer Bindung sorgt dafür, dass wir uns als Kinder eine Beziehung zu Personen aufbauen, die uns beschützen und versorgen – später hilft es uns dabei, in einer Gemeinschaft leben zu können, einen Partner oder eine Partnerin zu finden und unsere eigenen Kinder zu versorgen. Das Bedürfnis nach Kompetenz hilft uns dabei, die Fähigkeiten zu lernen und zu meistern, die wir zum Überleben brauchen. Ein Autonomiebedürfnis gibt uns die Fähigkeit, die eigenen Ziele zu verfolgen und unser Leben nach unseren Vorstellungen zu gestalten.

**Dadurch, dass die Erfüllung dieser Bedürfnisse für uns so wichtig ist,** versuchen wir, sie so gut es uns möglich ist zu erreichen. Häufig geschieht es dabei unbewusst, dass wir ein Bedürfnis, das zu kurz kommt, durch ein anderes kompensieren. Wenn wir zum Beispiel schlechte Bindungserfahrungen machen, kann es sein, dass wir beginnen, unseren Selbstwert vor allem auf unsere Selbstbestimmung oder Kompetenz zu stützen. Indem wir uns davon überzeugen, dass wir niemand anderen brauchen, um glücklich oder erfolgreich zu sein, vermeiden wir Abhängigkeiten von anderen Menschen dann so

# Übung 8: Selbstwert-Bedürfnisse

Beantworte die folgenden Fragen in Bezug auf deine Beziehungserfahrungen (Familie, Freundschaften, romantische Beziehungen).

1 **Bindung**

- Wann hast du dich angenommen / gemocht / geliebt gefühlt?

- Wann wurde dieses Bedürfnis nicht erfüllt?

- Wenn es nicht erfüllt wird, reagiere ich ...

- So könnte es in einer Beziehung erfüllt werden ...

- So könnte ich das besser kommunizieren ...

2 **Kompetenz**

- Wann hast du dich kompetent / anerkannt gefühlt?

- Wann wurde dieses Bedürfnis nicht erfüllt?

- Wenn es nicht erfüllt wird, reagiere ich ...

- So könnte es in einer Beziehung erfüllt werden ...

- So könnte ich das besser kommunizieren ...

## 3 Selbstbestimmung

- Wann hast du dich frei / selbstbestimmt gefühlt?

- Wann wurde dieses Bedürfnis nicht erfüllt?

- Wenn es nicht erfüllt wird, reagiere ich …

- So könnte es in einer Beziehung erfüllt werden …

- So könnte ich das besser kommunizieren …

gut es geht. Umgekehrt kann es auch vorkommen, dass wir unseren Selbstwert nur aus der Bindung zu anderen speisen und dabei auf Selbstbestimmung und Selbstverwirklichung verzichten. Keine dieser Strategien wird uns jedoch nachhaltig glücklich machen. Es braucht Balance und Kompromissfähigkeit, um eine stabile Selbstwert-Basis für unser Leben und unsere Beziehungen zu schaffen.

**Das Gute am Selbstwert ist,** dass er ebenso wie unsere Muster veränderbar ist und aktiv von uns beeinflusst werden kann. So ist es zu jedem Zeitpunkt im eigenen Leben möglich, den Selbstwert zu steigern und dadurch das eigene seelische Immunsystem auf Vordermann zu bringen. Wenn wir unseren Selbstwert stärken wollen, macht es Sinn, an den drei Grundbedürfnissen anzusetzen. Es gibt nämlich viele Möglichkeiten, auf die wir aktiv zu ihrer Erfüllung beitragen können – dabei ist es wichtig, eine ausbalancierte Erfüllung der drei Bedürfnisse zu erreichen und sich nicht zu stark auf einen der Bereiche zu stützen.

## LASS DEINEN SELBSTWERT WACHSEN

**Besonders wenn es unser Bedürfnis nach Bindung ist,** das nicht ausreichend erfüllt wurde oder nicht erfüllt wird, sind wir häufig sehr abhängig von der Meinung anderer und haben Angst davor, unser authentisches Selbst zu zeigen. Wir halten unsere Gedanken, Meinungen und Gefühle zurück, um nicht negativ aufzufallen, haben Angst davor, verurteilt zu werden und davor, dass uns jemand nicht mag. Die innere Überzeugung »Ich bin nicht okay« schränkt uns ein und macht uns empfindlich für Kritik und Ablehnung. So passen wir uns an, stecken zurück und priorisieren die Bedürfnisse der anderen Person – was jedoch dazu führt, dass wir Beziehungen nie nach unseren eigenen Regeln und Vorstellungen leben und nicht das bekommen, was wir wirklich brauchen. Ein wichtiger Schritt, um unsere Selbstbewertung positiv zu verändern, ist daher, unsere eigenen (Selbstwert-)Bedürfnisse wahr- und ernst zu nehmen und ihnen mehr Raum zu geben. Denn häufig ist es genau das, was wir in unserer Kindheit nicht erleben durften. Heute, als erwachsene Menschen, liegt es an uns selbst, diese Wunden nach und nach zu heilen

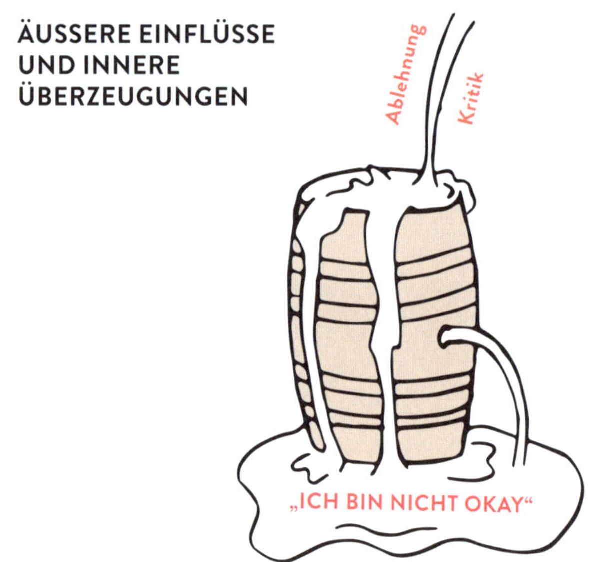

und uns die liebevolle Aufmerksamkeit zu schenken, die wir brauchen. Indem wir uns selbst mit Freundlichkeit und Mitgefühl begegnen, können wir uns auf den Weg machen, unsere Muster und Überzeugungen zu verändern und ein erfüllteres Leben zu führen.

**Wichtig:** Deine Bedürfnisse sind richtig und du hast verdient, dass sie erfüllt werden! Auch wenn es sich vielleicht zu Beginn nicht so anfühlt, als wäre es richtig, für deine Bedürfnisse einzustehen, so ist dieser Widerstand vollkommen normal. Mit der Zeit – und etwas Übung – wirst du lernen, dass es vollkommen in Ordnung ist, dich selbst immer öfter an erste Stelle zu setzen.

## GRENZEN SETZEN

Ein Weg, um besser für deine Bedürfnisse einzustehen und dein Wohlbefinden zu wahren, ist das Setzen von Grenzen. Wir alle haben Dinge, zu denen wir aktiv oder passiv »Ja« sagen, obwohl wir sie eigentlich nicht wirklich wollen – große und kleine Dinge, die wir hinnehmen, obwohl sie uns stören. Viele Menschen haben nie wirklich gelernt, ihre Grenzen zu wahren und »Nein« zu

## WARUM MAN GRENZEN SETZEN MUSS

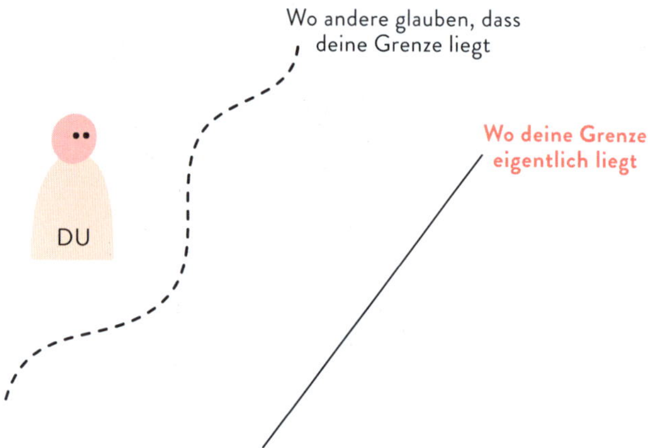


Dingen zu sagen, die sie nicht wollen. Dabei ist die Fähigkeit, solche Grenzen für uns selbst und andere zu setzen, essenziell für unsere Selbstfürsorge und unser emotionales Wohlbefinden. Denn wenn du deine Grenzen nicht (rechtzeitig) setzt, bist du dem, was andere für okay halten, sozusagen ausgeliefert. Als erwachsene Menschen können wir nicht erwarten, dass sich andere um die Erfüllung unserer Bedürfnisse kümmern – wir müssen es selbst in die Hand nehmen. Denn einer der Nachteile des »Ja«-Sagens ist, dass wir dadurch unsere Interessen und Prioritäten hinten anstellen und dadurch Gefahr laufen, ausgenutzt oder enttäuscht zu werden. Vor allem, wenn wir anderen Menschen gefallen wollen und uns zu sehr nach Bestätigung von außen sehnen, kommt es dazu, dass wir keine Grenzen setzen und »Ja« zu Dingen sagen, die wir eigentlich nicht wollen. Die Sorge um die Meinung anderer, die Angst vor Missbilligung oder vor Ablehnung bringen uns dazu, viel mehr zu tun, als wir wollen, oder unsere Kräfte an den falschen Stellen einzusetzen. Dadurch vernachlässigen wir unsere eigenen Bedürfnisse und schwächen unseren Selbstwert. Darunter leidet dann das eigene Wohlbefinden, die Beziehungen zu anderen und unsere psychische Gesundheit.

**Was hält uns davon ab, (früher) Grenzen zu setzen?**

- Ein hohes Sicherheitsbedürfnis
- Die Sehnsucht, zu helfen
- Das gute Gefühl, gebraucht zu werden (gegenüber der Angst, abgelehnt zu werden)
- Der Bedarf nach Bestätigung
- Das Bedürfnis, niemanden zu verletzen und die Harmonie aufrechtzuerhalten
- Nicht als egoistisch, herzlos, egozentrisch, faul oder gar gleichgültig gelten zu wollen
- Die Angst, eine Person dadurch zu verlieren

Grenzen sind jedoch nichts Boshaftes, womit du andere ausschließt – sie sind vielmehr ein klarer Bereich, den man selbst aufspannt und in dem man sich wohl fühlt. Denn in diesem Bereich werden deine Bedürfnisse anerkannt und respektiert. Und auch andere Menschen haben einen Vorteil, denn sie haben durch deine Grenzen eine klare Orientierung, wie sie mit dir umgehen sollen. Hin und wieder »Nein« zu sagen hat also nichts mit Egoismus zu tun – es ist vielmehr notwendig und ein Ausdruck der Selbstfürsorge. Wir sor-

**GRENZEN IN GESUNDEN BEZIEHUNGEN**

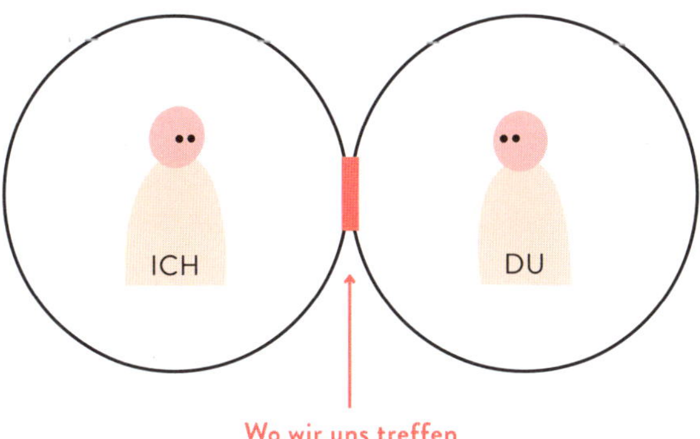

gen dadurch dafür, dass es uns gut geht, wir unsere Bedürfnisse erfüllen und unsere Ziele erreichen können, wovon letztendlich ja auch die Menschen in unserem Umfeld direkt oder indirekt profitieren.

Unsere Grenzen können dabei in verschiedenen Bereichen unseres Lebens ganz unterschiedlich aussehen:

1. **Physische Grenzen:**
- Wer darf dir nahe sein und wie nahe?
- Wie gut hörst du auf deinen Körper?

2. **Emotionale Grenzen:**
- Was verletzt dich?
- Was ist dir zu viel?
- Wer gibt dir ein schlechtes Gefühl?

3. **Soziale Grenzen:**
- Zu wem brauchst du mehr Abstand?
- Welchen Normen möchtest du folgen?

4. **Materielle oder zeitliche Grenzen:**
- Wie viel kannst oder möchtest du geben?
- Wo kommst du zu kurz?

»Eine Grenze spiegelt die Distanz wider, aus der ich sowohl dich als auch mich selbst lieben kann.«

Caroline

# Übung 9: Grenzen erkennen

Um erfolgreich Grenzen setzen zu können, musst du zunächst wissen, wo deine Grenzen überhaupt liegen. Nutze die folgenden Reflexionsfragen, um deine Grenzen klarer zu definieren:

- **Wo andere meine Grenzen überschritten haben:**

- **Wo ich meine eigenen Grenzen überschritten habe:**

- **Was ich bisher zugelassen habe und in Zukunft nicht mehr zulassen will:**

..........

..........

..........

..........

**Wenn du eine Vorstellung davon hast, wo deine Grenzen liegen,** ist der nächste Schritt, diese auch zu setzen. Das bedeutet, dass du dir darüber klar wirst, was du möchtest oder nicht möchtest und dann auch dafür einstehst. Vor allem wenn du es nicht gewohnt bist, klare Grenzen zu setzen, kann das anfangs schwierig sein.

**Du kannst dabei jedoch nach einem ganz einfach Schema vorgehen:**

### Schritt 1: Erkenne, was dir zu weit geht

Bevor du eine Grenze setzen kannst, musst du wissen, was genau diese Grenze ist. Gute Indikatoren dafür sind Situationen, Handlungen, Aussagen oder Bitten, die in dir eine negative emotionale Reaktion oder einen starken inneren Widerstand auslösen.

### Schritt 2: Finde heraus, warum du diese Grenze setzt

Hinter jeder Grenze steckt ein Bedürfnis, das dir als Richtungsweiser dient. Das kann zum Beispiel das Bedürfnis nach Respekt, Ruhe, Distanz oder Zeit

sein. Die Frage, die du dir dazu stellen kannst, ist: »Wie werde ich mich fühlen, wenn ich diese Grenze setze und sie gewahrt wird?«

### Schritt 3: Kommuniziere deine Grenze

Deine Grenzen können von anderen nur dann gewahrt werden, wenn du sie klar und deutlich kommunizierst. Gehe dabei folgendermaßen vor:

- Sage, was du nicht (mehr) möchtest
- Sage, warum du es nicht möchtest (zum Beispiel wegen einer Emotion oder eines Bedürfnisses )
- Sage, was du dir stattdessen wünschst

### Schritt 4: Erwarte möglichen Widerstand

Nicht jede Grenze wird sofort bereitwillig akzeptiert werden – das gehört leider dazu. Dieser Widerstand ist jedoch nicht aussagekräftig darüber, ob diese Grenze »richtig« oder »falsch« ist. Nur du weißt, was du brauchst, damit du dich wohl fühlst. Stehe daher zu deinen Grenzen und setze, wenn nötig, Konsequenzen, ohne dabei ein schlechtes Gewissen haben zu müssen.

### Schritt 5: Ziehe nötige Konsequenzen

**Wenn deine Grenze von anderen nicht respektiert wird,** ist es wichtig, zunächst zu prüfen, ob die Grenze klar kommuniziert wurde. Manchmal kann es nötig sein, die andere Person ein zweites Mal daran zu erinnern, was genau du (nicht) möchtest. Falls sich die Situation auch dann nicht verbessert, kann es notwendig sein, sich von der Person zu distanzieren oder den Kontakt abzubrechen. Denn letztendlich kannst nur du dafür sorgen, dass deine Grenzen gewahrt werden, und dein Fokus sollte immer auf deinem eigenen Wohlbefinden liegen. Das ist vielleicht nicht immer einfach, aber diese Aufgabe kann niemand anderes für dich übernehmen.

**Beim Setzen von Grenzen ist es ähnlich** wie bei vielen anderen Fähigkeiten, die wir neu erlernen müssen – es erfordert Übung und Geduld, und es wird uns zu Beginn wahrscheinlich nicht allzu leichtfallen. Beginne daher klein und sei nachsichtig mit dir, wenn es nicht auf Anhieb so gut klappt, wie du es gerne hättest. Auch kleine Erfolge dürfen gefeiert werden! Dein Selbstwertgefühl wird sich nicht über Nacht verbessern, aber wenn du jeden Tag ein bisschen mehr für deine Bedürfnisse und Grenzen einstehst, wirst du deinen Selbstwert dadurch stetig steigern können.

Im nächsten Kapitel werden wir uns damit beschäftigen, wie du dich so, wie du bist, noch besser akzeptieren und deine Beziehungen selbstbewusster und authentischer gestalten kannst!

### GRENZEN RICHTIG SETZEN

# Übung 10: Grenzen setzen

Wozu sagst du aktiv oder passiv „Ja“, obwohl du eigentlich lieber „Nein“ sagen würdest? Denke dabei an Situationen aus deinem Alltag oder aus deinen Beziehungen (das können romantische, freundschaftliche oder familiäre Beziehungen sein).

- **Dazu würde ich eigentlich gern „Nein“ sagen:**

**Nimm nun eines dieser Beispiele und setze anhand der 5 Schritte eine Grenze:**

- Schritt 1 („Das geht mir zu weit“):

- Schritt 2 („Darum setze ich diese Grenze“):

- Schritt 3 („So kann ich das kommunizieren“):

- Schritt 4 („Dieser Widerstand könnte mich erwarten“):

- Schritt 5 („Diese Konsequenzen könnte ich ziehen“):

# Das solltest du dir aus diesem Kapitel merken

- **Der Selbstwert als psychisches Immunsystem**

Ein hoher Selbstwert macht uns resistent gegen Kritik und Stress. Er führt dazu, dass wir vermehrt positive Erfahrungen machen, da wir mutiger handeln, mehr Erfolge erleben und negative Erfahrungen nicht so persönlich nehmen. Zusätzlich setzen wir leichter Grenzen und sorgen dadurch dafür, dass unsere Bedürfnisse eher erfüllt werden. Ein geringer Selbstwert führt hingegen zu vermehrt negativen Erfahrungen, Selbstzweifeln und Minderwertigkeitsgefühlen. Du kannst deinen Selbstwert jedoch gezielt stärken, indem du die zugrunde liegenden Bedürfnisse erfüllst.

- **Liebe, Erfolg und Freiheit als Grundbedürfnisse**

Die frühe, konstante Erfüllung der Grundbedürfnisse soziale Bindung, Kompetenz und Selbstbestimmung führt zu einer gesunden Entwicklung des Selbstwertes. Ständige Frustrationen dieser Bedürfnisse prägen unser Selbstbild hingegen negativ. Um unseren Selbstwert zu steigern, sollten wir daran arbeiten, die drei Selbstwert-Bedürfnisse möglichst gut und ausgeglichen zu erfüllen.

- **Veränderung zum Positiven durch das Setzen von Grenzen**

Um aus dem negativen Kreislauf auszubrechen, braucht es Mut, Geduld, Neugier und neue Erfahrungen, zum Beispiel durch das Setzen von gesunden Grenzen. Oft müssen wir erst lernen, was unsere Grenzen und Bedürfnisse sind und wie wir für sie einstehen können. Du kannst dich schrittweise herantasten und dir selbst auf diese Weise zeigen, dass du wertvoll bist und deine Bedürfnisse auch wichtig sind.

Positive Veränderung
kann nie im Widerstand gegen
uns selbst stattfinden.

# 4.
# Im Einklang mit sich selbst

In den vorherigen Kapiteln konntest du dich selbst besser kennenlernen und verstehen, was dich in deinen Beziehungen antreibt. Meist sind es die eigenen „Schattenseiten" – also die Dinge an dir, die du dir nicht so gerne eingestehst oder offen zeigst – die den größten Einfluss auf dein Leben haben. Alles, was im Unbewussten bleibt, kannst du jedoch nicht aktiv verändern. Wenn du dir deiner inneren Konflikte bewusst wirst und lernst, auch deine vermeintlich weniger liebenswerten Seiten anzunehmen, kannst du ihren unbewussten Einfluss verändern und die Kontrolle über dein Leben und deine Beziehungen zurückgewinnen.

## „DAS BIN AUCH ICH“

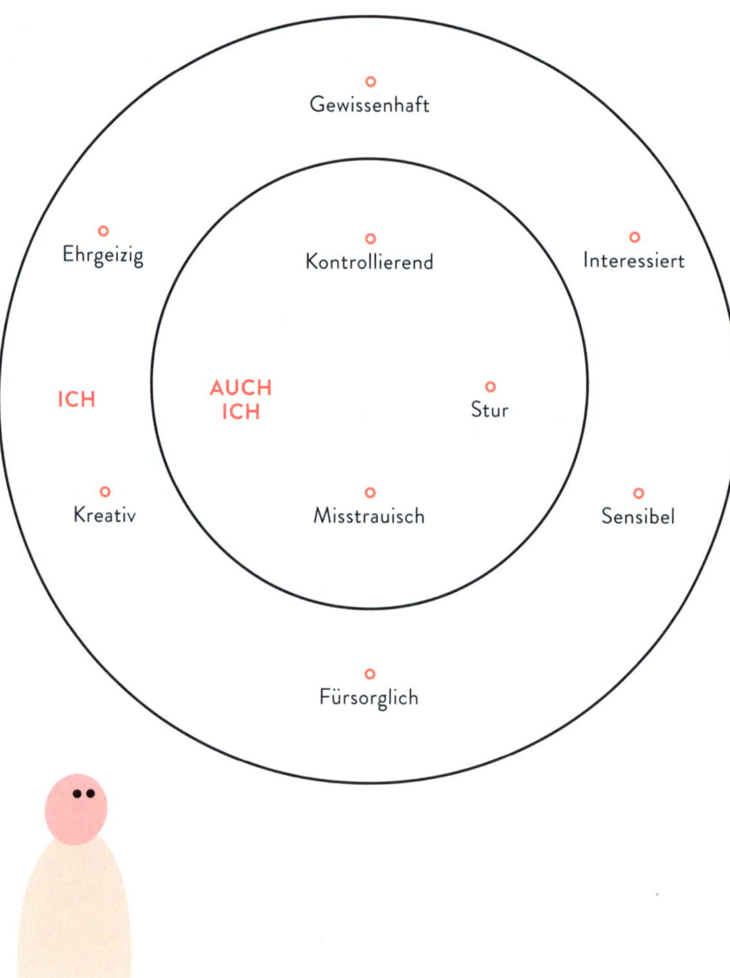

# SELBSTAKZEPTANZ UND UNSERE BEZIEHUNGEN

**»Akzeptiere dich selbst und die Welt wird dich akzeptieren«** – in diesem Satz steckt eigentlich schon alles, was du wissen musst. Der Weg zur Selbstakzeptanz beginnt mit der Bereitschaft, sich selbst mit all seinen Eigenheiten und Imperfektionen anzunehmen. Das ist jedoch gar nicht so einfach, denn meistens halten uns schädliche Überzeugungen und unrealistische Maßstäbe davon ab, uns selbst genau so zu akzeptieren, wie wir sind. Ein positives Selbstbild können wir jedoch nur dann entwickeln, wenn wir uns von den Regeln und Anforderungen anderer befreien, anstatt eine Fassade aufrechtzuerhalten, um ihren Erwartungen gerecht zu werden. Jeder Mensch ist einzigartig, Perfektion existiert nicht und Fehler und Unvollkommenheiten sind ein ganz natürlicher Bestandteil des Menschseins – erlaube dir daher, menschlich zu sein, und im Hier und Jetzt dein Glück zu finden!

**Selbstakzeptanz ist nicht nur ein persönlicher Prozess,** der unser inneres Gleichgewicht wiederherstellen kann, sondern sie hat auch erhebliche Auswirkungen auf die Qualität unserer Beziehungen. Wenn wir lernen, uns selbst zu akzeptieren, eröffnen sich weitreichende positive Perspektiven für die Auswahl unserer Partner:innen und die Entwicklung dieser Verbindungen. Der Schlüssel dazu liegt in der ernsthaften Auseinandersetzung mit unseren Emotionen und Bedürfnissen, ohne uns selbst abzulehnen. Diese innere Authentizität schafft eine Basis, auf der wir uns sicher fühlen, unsere Gedanken und Gefühle ohne Furcht vor Ablehnung oder Verurteilung auszudrücken. So kannst du auch Konflikte auf konstruktive Weise bewältigen, indem du Kritik und Feedback annimmst, ohne dich persönlich angegriffen zu fühlen, und wirst offener für Kompromisse und Lösungen, die für beide Seiten akzeptabel sind. Diese Offenheit und Kompromissfähigkeit fördern tiefere und ehrlichere Verbindungen zu anderen Menschen. Darüber hinaus wirst du weniger anfällig für ungesunde Abhängigkeiten oder toxische Beziehungsmuster, wenn du dich selbst schätzt und dich als gleichwertig betrachtest. Du erkennst dann, dass du es verdienst, in Beziehungen respektiert und gut behandelt zu werden, und bist eher bereit, Beziehungen zu beenden, die dir schaden.

**Ein Mangel an Selbstakzeptanz** ist häufig an klaren Mustern in unserer Einstellung zu uns selbst und anderen Menschen zu erkennen. Beispielsweise ist es nicht ungewöhnlich, Menschen zu begegnen, die sich selbst sehr streng beurteilen, aber großzügig gegenüber der Schwächen und Fehler anderer sind – vielleicht erkennst du dich auch selbst darin wieder?

**Dies kann auf unterschiedliche Ursachen zurückzuführen sein:** Eventuell legst du andere Maßstäbe an dich selbst an, als an andere Menschen. Vielleicht liegt aber auch eine negativ verzerrte Wahrnehmung deiner selbst vor, du schätzt dich selbst regelmäßig schlechter ein als andere und nimmst dich schlechter wahr, als du eigentlich bist. Sehr oft ist es jedoch auch der Fall, dass Menschen, die Teile von sich selbst stark ablehnen, ähnliche Teile in anderen Menschen ablehnen. Selbstakzeptanz ermöglicht jedoch Empathie für die Unvollkommenheiten anderer, was wiederum die Grundlage für echte zwischenmenschliche Nähe schafft. Im Umkehrschluss kann man also sagen, dass die Akzeptanz für die eigenen Schwächen auch oft zu mehr Akzeptanz für andere Menschen führt.

**Ein weiteres Phänomen,** das selbstverstärkend wirkt und das wir leider erfahren, wenn wir uns selbst ablehnen, ist das Gefühl, nicht geliebt zu werden. In manchen Fällen gibt es vereinsamte Menschen, die keine oder kaum soziale Kontakte haben und daher vielleicht wirklich keine oder wenig positive Interaktionen haben. Viel häufiger haben wir jedoch sehr wohl soziale Kontakte mit vorwiegend positiven Interaktionen. Vielleicht haben wir auch tolle Freundschaften oder sogar Partner:innen, die uns wirklich toll finden und lieben. Aber solange wir uns selbst so stark ablehnen, kann die Liebe und Wertschätzung von außen nicht zu uns durchdringen. Denn weil die Liebe, der Respekt und die Wertschätzung, die man erfährt, nicht in das eigene Selbst- und Weltbild passt, entkräftet man sie auf unterschiedlichste Weise. Vielleicht denken wir, dass wir unsere vermeintlichen Mängel durch harte Arbeit ausgleichen müssen, und dass die andere Person uns gar nicht lieben könnte, wenn sie uns nur wirklich kennen würde. Schon fühlen wir uns wieder nicht geliebt, dafür aber bestätigt in unserem negativen Selbstbild. Wir können Liebe also viel eher annehmen, wenn wir auch nachvollziehen können, warum wir geliebt werden. Und jeder Mensch hat liebenswerte Seiten an sich, wir müssen sie manchmal nur neu entdecken und anerkennen!

»Indem wir Selbstakzeptanz praktizieren, laden wir uns selbst ein, unser eigener bester Freund zu werden. Auf diesem Weg entdecken wir, dass die Liebe zu uns selbst die Grundlage für jede andere Liebe ist.«

Caroline

# DIE MEINUNG ANDERER UND DER VERGLEICH NACH AUSSEN

**Sobald wir anfangen uns zu sorgen,** was andere denken könnten, schöpfen wir nicht mehr unser volles Potenzial aus. Wir halten unsere Gedanken, Meinungen und sogar Gefühle zurück, um nicht negativ aufzufallen. Wir haben Angst, verurteilt zu werden und davor, dass uns jemand nicht mag. Diese Art des »Sich-Zurücknehmens« hindert uns jedoch daran, befreit und unbekümmert zu agieren und unsere wahre Persönlichkeit zu entfalten. Doch warum ist die Meinung anderer so wichtig für uns?

**Im letzten Kapitel hast du bereits gelernt,** dass Bindung und Anerkennung wichtige Bedürfnisse für deinen Selbstwert sind. Als soziale Wesen neigen wir dazu, uns an die Erwartungen und Meinungen anderer anzupassen, um soziale Akzeptanz und Zugehörigkeit zu erleben. Das Bedürfnis nach Zugehörigkeit beeinflusst stark, wie wir unser Verhalten, unsere Meinungen und unser Selbstbild formen. Die Meinung anderer dient uns als Bestätigung oder Ablehnung unserer eigenen Wahrnehmung, indem positives Feedback unser Selbstwertgefühl stärkt, während negatives Feedback Unsicherheiten hervorrufen kann. Vor allem in der Kindheit können positive oder negative Rückmeldungen langfristige Auswirkungen auf das Selbstwertgefühl haben und dazu führen, dass wir unser Selbstbild stark von der Meinung anderer beeinflussen lassen. Das Streben nach Anerkennung kann jedoch auch zu einer starken Abhängigkeit von der Meinung anderer führen, wenn diese als Maßstab für unseren Selbstwert zu hoch priorisiert wird. Denn trotz dieser Einflüsse beinhaltet ein gesundes Selbstbild die Fähigkeit, unabhängig von externen Meinungen zu existieren. Menschen mit einem stabilen Selbstwertgefühl können die Meinungen anderer als externe Perspektiven betrachten, ohne ihre eigene Selbstannahme zu gefährden.

**Selbstakzeptanz ist häufig eng verflochten mit dem Drang,** sich mit anderen zu vergleichen. In unserer Gesellschaft werden wir mit idealisierten Vorstellungen von Schönheit, Erfolg und Glück konfrontiert, sei es durch die

# 6 Fakten über die Meinung anderer

1. Unterschiedliche Menschen werden immer unterschiedliche Meinungen und Ansichten haben. Wir sind alle individuelle, einzigartige Lebewesen und jeder Mensch ist geprägt durch seine Veranlagung, seine Erfahrungen und sein Umfeld. Es wird daher immer unterschiedliche Meinungen und Wertvorstellungen geben.

2. Aus Punkt 1 schließt sich, dass es auch immer Menschen geben wird, die deine Meinung oder Sichtweise als schlecht oder falsch betrachten werden. Es wird aber auch immer Menschen geben, die ähnlich denken wie du.

3. Es ist unmöglich, es allen Menschen recht zu machen und von allen gemocht zu werden, denn dafür sind wir alle zu unterschiedlich. Wenn du es dennoch versuchst, wirst du nicht umhin kommen, dich zu verstellen oder deine Meinung und deine Bedürfnisse komplett aufzugeben.

4. Andere Menschen haben auch Ängste, Zweifel und Probleme. In den meisten Fällen haben sie gar nicht die Zeit und Energie, sich über dich Gedanken zu machen oder ein Urteil zu fällen. Noch wahrscheinlicher ist sogar, dass sie selbst genau die gleichen Ängste und Gedanken haben wie du. Du bist nicht das Zentrum der Welt, und das ist auch gut so!

5. Es gibt Menschen in deinem Leben, die dich lieben und dich schätzen, so wie du bist. Diese Menschen sollten die einzigen Menschen sein, deren Meinung für dich zählt und auf die du dich fokussieren solltest. Wer dich kaum oder gar nicht kennt, ist niemand, dessen Meinung einen Einfluss auf dein Selbstbild haben sollte.

6. Aus Punkt 5 ergibt sich, dass du nur Kritik von Menschen annehmen solltest, die du auch um Rat fragen würdest. Diese Menschen sind Expert:innen, kennen dich gut oder haben zumindest dein Bestes im Sinne. Kritik ist grundsätzlich gut, um dich weiterzuentwickeln, doch nur wenn sie konstruktiv und sinnvoll ist.

## DER UNFAIRE VERGLEICH

Meine Talente in Relation zu all meinen „Fehlern“

Das eine Ausnahmetalent, mit dem ich mich vergleiche und alles andere ignoriere

Medien, die Werbung oder Soziale Netzwerke. Der Vergleich mit diesen unrealistischen Idealen ist jedoch ein trügerisches Maß für persönlichen Erfolg und Selbstwert. Häufig führt er zu einem Gefühl der Unzulänglichkeit, weil wir uns an Maßstäben messen, die nur schwer oder gar nicht erreichbar sind, und uns an den Wertvorstellungen anderer Menschen messen. Es ist, als ob wir ein unsichtbares Maßband verwenden, das nicht unsere eigene Größe misst, sondern die der anderen.

**Leider messen wir dabei jedoch nicht die Größe aller anderen,** denn sonst würden wir im Durchschnitt wieder ganz okay dastehen – nein, wir messen uns an einzelnen Aspekten und Ausnahmetalenten. Unseren Körper vergleichen wir mit den bearbeiteten Fotos von Models, unsere Intelligenz mit den schlausten Köpfen der Welt, unsere Leistungsfähigkeit an der Burnout-Grenze und unsere Sportlichkeit mit professionellen Athlet:innen. Diese Vergleiche sind natürlich völlig sinnbefreit und unrealistisch. Sich auf diese Weise zu vergleichen, löst viel häufiger Gefühle der Unzulänglichkeit als der Motivation in uns aus, da unsere eigenen Erfolge und Talente dagegen meist eher schlecht dastehen.

**Es entsteht eine Spirale der Selbstzweifel,** die unsere eigenen Leistungen und Qualitäten herabsetzt. Was wir dabei gerne vergessen ist, dass jeder Mensch individuell ist. Wir haben unterschiedliche Hintergründe, Ziele, Stärken und Schwächen. Der Vergleich mit anderen blendet oft die Tatsache aus, dass ihre Reise, Erfahrungen und Fähigkeiten grundlegend anders sein können als unsere eigenen. Dadurch verlieren wir die Möglichkeit, unsere eigene Einzigartigkeit und Authentizität anzuerkennen – denn wenn wir ständig versuchen, den Erfolgs-Maßstäben anderer zu entsprechen, verlieren wir den Blick für unsere eigenen Errungenschaften und für die Dinge, die uns einzigartig machen. Die Entwicklung von Selbstakzeptanz erfordert also, dass wir aufhören, uns so stark an Urteilen oder Standards anderer zu messen und stattdessen unsere eigene Reise anerkennen, unsere Fehler als Teil der Lernerfahrung zu betrachten und unsere Stärken zu feiern.

Wahre Selbstachtung und Selbstakzeptanz entstehen, wenn wir damit beginnen, uns auf Grundlage unserer eigenen Werte, Ziele und Errungenschaften zu beurteilen. Dazu müssen wir jedoch den negativen Kreislauf des Vergleichs durchbrechen. Wenn wir lernen, uns selbst zu akzeptieren und unsere Individualität zu feiern, wird der Drang, sich ständig mit anderen zu vergleichen, weniger bedeutend. Es bedeutet nicht, dass wir aufhören, uns zu verbessern oder nach Wachstum zu streben, sondern dass wir unsere Erfolge und Fortschritte vermehrt an unseren eigenen Maßstäben messen. In einer Welt, in der der Druck, perfekt zu sein, oft übermächtig erscheint, ist Selbstakzeptanz ein wertvolles Geschenk an uns selbst. Es ermöglicht uns, unser eigenes Glück und unsere eigene Zufriedenheit unabhängig von äußeren Einflüssen zu finden. Wenn wir uns also unbedingt vergleichen wollen, dann am besten mit uns selbst, denn wir können uns an jedem einzelnen Tag stetig weiterentwickeln.

## BIN-ICH, SOLL-ICH, WUNSCH-ICH

**Um dem ewigen Vergleich zu entkommen,** müssen wir jedoch zunächst einmal verstehen, womit wir uns eigentlich vergleichen, an welchen Maßstäben wir uns messen und wer überhaupt gesagt hat, dass dieser Maßstab so wichtig ist. Um das besser zu verstehen, wollen wir uns in der nächsten

Übung einem weiteren Konzept aus dem Bereich des Selbstwerts widmen. Dieses Konzept geht davon aus, dass jeder von uns drei »Ichs« hat – das Bin-Ich, das Soll-Ich und das Wunsch-Ich[(4)].

- **Das Bin-Ich** zeigt, wie man sich selbst gerade tatsächlich sieht. Es ist eine Art Bestandsaufnahme unserer Eigenschaften, Fähigkeiten, Stärken und Schwächen. Oft haben wir ein eher negatives, verzerrtes oder unvollständiges Selbstbild, das durch einen Fokus auf unsere »Mängel« geprägt ist. Hier sind auch unsere schädlichen Glaubenssätze verortet. Wenn wir unser Bin-Ich realistisch betrachten und akzeptieren können, wird unser Selbstwertgefühl deutlich positiver.

- **Das Soll-Ich** ist eine Vorstellung davon, wie man sein sollte, damit wir und andere uns für gut befinden. Die Unzufriedenheit mit uns selbst und die kritische Sichtweise auf unsere Eigenschaften und Fähigkeiten ist meist das Resultat aus dem Vergleich unseres Bin-Ichs mit unserem Soll-Ich und der Erkenntnis, dass wir nicht so sind, wie wir es doch eigentlich »sein sollten«. Dabei gilt es jedoch gründlich zu hinterfragen, woraus sich unser Soll-Ich zusammensetzt, denn häufig handelt es sich hierbei um übertriebene, unerbittliche und unerreichbare Ansprüche. Sind die Dinge, die wir tun oder sein sollten, überhaupt realistisch? Von wem stammen diese Regeln? Und erwarten wir die gleichen Dinge auch von anderen oder nur von uns selbst? Wenn wir die Regeln unseres Soll-Ichs aussortieren und sie abschwächen, wird die Diskrepanz zwischen »Bin« und »Soll« meist automatisch kleiner. Wir können dadurch unabhängig von diesen schädlichen Idealen werden.

- Und zu guter Letzt gibt es noch das **Wunsch-Ich**. Dieses unterscheidet sich darin von dem Soll-Ich, dass es dein eigener Entwurf davon ist, wie du gerne wärst, wenn du frei bestimmen könntest. Bei diesem Ich geht es nicht um die Erwartungen oder die Werte anderer, sondern nur um die Ansprüche, die du an dich selbst hast. Dein Wunsch-Ich kann dir jedoch als positives Ziel und als Ansporn für deine persönliche Entwicklung dienen, indem du dich ihm schrittweise annäherst. Manchmal kann es schwer sein, sich das Wunsch-Ich vorzustellen – vor allem wenn wir gelernt haben, nach fremden Vorstellungen zu leben.

## DER ZUSAMMENHANG VON BIN-ICH, SOLL-ICH UND WUNSCH-ICH

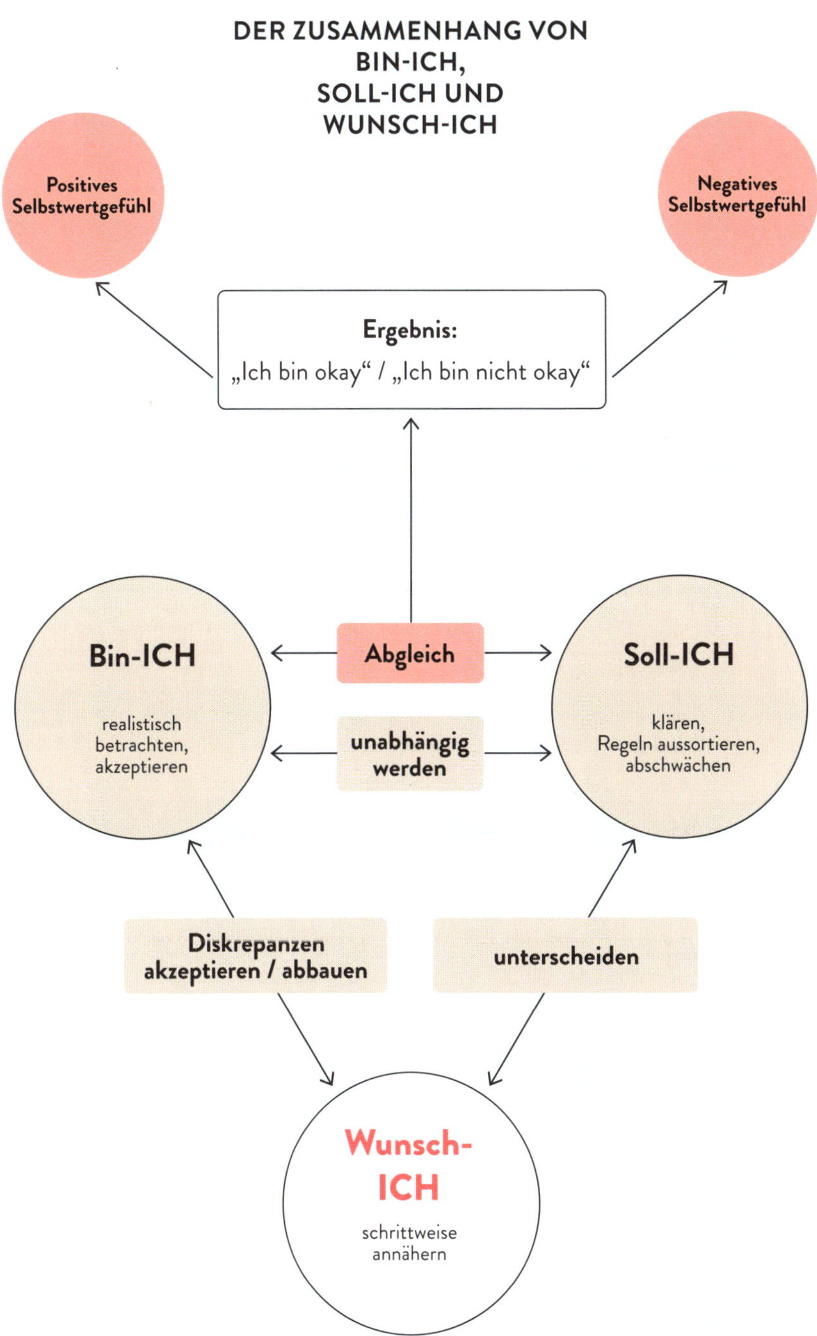

# Übung 11: Bin-ICH

Um dir in einer neuen Haltung gegenüberzustehen und etwas verändern zu können, ist es hilfreich, dein Bin-Ich möglichst gut und objektiv zu kennen. Denn bevor du damit beginnen kannst, Selbstakzeptanz zu praktizieren, solltest du zunächst einmal wissen, was genau du eigentlich akzeptieren willst. Dabei geht es darum, ein realistisches Selbstbild zu formen und deine Stärken genauso wie deine Schwächen zu identifizieren.

**Führe eine Bestandsaufnahme deines Bin-Ichs durch:**

- Das gehört alles zu mir / das macht mich aus:

.......................................................................................................

.......................................................................................................

- Das sind meine Stärken / das mag ich an mir:

.......................................................................................................

.......................................................................................................

Meist haben wir eher eine negativ verzerrte Selbstwahrnehmung und gehen mit uns sehr hart ins Gericht. Manche unserer vermeintlichen Schwächen sind aber in Wirklichkeit gar nicht so schlecht, wie wir denken. Aus einem anderen Betrachtungswinkel könnten sie sich sogar als Stärken herausstellen oder eine wertvolle Ressource sein, die dich unterstützt. Wenn du nun deine Schwächen aufschreibst, werde kreativ und überlege, welchen positiven Nutzen sie für dich haben könnten:

| Das sind meine Schwächen: | | Dadurch könnte diese Schwäche auch eine Stärke sein: |
|---|---|---|
| z. B. „Zu perfektionistisch“ | → | „Erledige Aufgaben sehr gewissenhaft“ |
| „Nicht diszipliniert genug“ | → | „Erkenne meine Grenzen gut und mache Pausen, wo ich sie brauche.“ |
| „Schüchtern“ | → | „Lasse mich nicht ohne Vertrauensbasis auf andere Menschen ein.“ |
| | → | |
| | → | |
| | → | |
| | → | |
| | → | |

# Übung 12: Soll-ICH

Das Soll-Ich repräsentiert die Standards, mit denen du dich vergleichst. Um diese Standards kritisch hinterfragen zu können, ist es zunächst wichtig herauszufinden, nach welchen Kriterien du dich selbst bewertest. Wie solltest du sein oder dich verhalten? Was musst du tun, um akzeptiert zu werden?

Unser Soll-Ich quält uns häufig mit unrealistischen und unerreichbaren Anforderungen, die unser Bin-Ich in ein schlechtes Licht rücken. Identifiziere daher nun deine Selbstbewertungsregeln und ihren Ursprung und prüfe, ob sie realistisch und sinnvoll sind.

- **Selbstbewertungsregel:** z. B: „Ich sollte immer produktiv sein. Entspannung muss man sich verdienen."
- **Ursprung:** z. B.: „Mein Vater war ein Workaholic. Mama hat immer geschimpft, wenn ich etwas anders gemacht habe, als für die Schule zu lernen."
- **Analyse:** z. B.: „Diese Regel verursacht in mir innere Unruhe und Unzufriedenheit. Sie führt zu ständiger Anspannung und Rastlosigkeit. In Wahrheit brauchen alle Menschen erholsame Pausen, um überhaupt produktiv sein zu können."

Niemand wurde mit Selbstbewertungsregeln geboren – wir haben sie irgendwann erlernt. Viele von ihnen entstehen durch den Kontakt mit unseren Eltern, Freund:innen oder Vorbildern, oftmals auch indirekt, also ohne dass sie explizit ausgesprochen wurden. Wenn du Regeln identifiziert hast und dir unsicher bist, ob diese hilfreich oder eher destruktiv sind, kannst du auch Außenstehende um Rat fragen. Als Daumenregel gilt jedoch, dass Selbstbewertungsregeln, die absolut sind und Wörter wie „nie", „immer" oder „alles" beinhalten, für einen Menschen höchstwahrscheinlich nicht erreichbar und daher destruktiv sind. Hier hilft es auch, wenn du überprüfst, ob die Selbstbewertungsregeln deines Soll-Ichs eigentlich auch für andere Menschen gelten bzw. ob du diesen Maßstab auch an deine Freund:innen anlegen würdest, oder ob er nur für dich selbst gilt!

**Selbstbewertungsregel 1:**

- Ursprung:

- Analyse:

**Selbstbewertungsregel 2:**

- Ursprung:

- Analyse:

**Selbstbewertungsregel 3:**

- Ursprung:

- Analvse:

# Übung 13: Wunsch-ICH

Unser Wunsch-Ich müssen wir häufig erst kennenlernen oder entwerfen, da wir uns oft sehr früh den Vorstellungen anderer Menschen oder der Gesellschaft unterwerfen und nie bewusst darüber nachdenken, wie wir gerne wären, wenn wir frei wählen dürften. Auch wenn du dein Wunsch-Ich vielleicht nie ganz erreichst, kannst du versuchen, dich ihm anzunähern und so mehr Erfüllung und Selbstakzeptanz zu verspüren. Dazu musst du jedoch meist dein Soll-Ich stückweise entkräften, um mehr Raum für dein Wunsch-Ich zu schaffen.

Zum Beispiel könnte es sein, dass dein Wunsch-Ich öfter für sich einstehen möchte, dein Soll-Ich aber eine strikte Regel hat, die besagt, dass man Konflikte um jeden Preise vermeiden solle. In diesem Fall wäre es gut, wenn du dich mit Übung und Geduld nach und nach an dein Wunsch-Ich herantastest.

- **Mein Wunsch-Ich ist:**

- **Mein Wunsch-Ich kann:**

- **Mein Wunsch-Ich denkt und fühlt:**

- **So kann ich mich meinem Wunsch-Ich annähern:**

**Das Erkennen und vor allem das Annehmen** unserer »Schattenseiten« oder unserer vermeintlichen Unzulänglichkeiten markiert einen Wendepunkt, an dem wir die Kontrolle über unser Leben zurückerobern. In der Erkenntnis, dass Selbstakzeptanz der Schlüssel zu einem erfüllten Leben und bereichernden Beziehungen ist, laden wir uns selbst ein, unser eigener bester Freund zu werden. Denn gerade in der Zelebrierung unserer Einzigartigkeit liegt die wahre Kraft, die es uns ermöglicht, unser eigenes Glück unabhängig von äußeren Einflüssen zu finden. Auf diesem Weg entdecken wir, dass die Liebe zu uns selbst die Grundlage für jede andere Liebe ist. Denn indem wir den Mut finden, unsere Ecken und Kanten zu akzeptieren, schaffen wir eine Basis für ehrliche Verbindungen, in denen Liebe und Verständnis gedeihen können. Und wenn wir erkennen, dass Selbstakzeptanz nicht darauf warten muss, dass wir irgendwann perfekt sind, gedeiht sie in dem Moment, in dem wir uns selbst die Erlaubnis geben, einfach so zu sein, wie wir sind.

Im nächsten und letzten Kapitel des Arbeitsbuchs wollen wir uns der konkreten Umsetzung deiner Ziele widmen. Du wirst darin lernen, wie du mutige Schritte setzt, die dich deiner idealen Beziehung näherbringen. Behalte dafür vor allem dein Wunsch-Ich im Kopf, denn genau darauf wollen wir nun hinarbeiten!

»Durch den Vergleich nach außen misst du dich selbst nach dem Maßstab anderer.«

Alexander

# Das solltest du dir aus diesem Kapitel merken

- **Selbstmitgefühl statt Selbstabwertung**

Selbstmitgefühl bedeutet, dich selbst so zu behandeln, wie du es mit einem guten Freund oder einer guten Freundin tun würdest. Das bedeutet, dich für deine Erfahrungen oder deine Gefühle nicht zu verurteilen, sondern liebevoll und geduldig mit dir selbst umzugehen. Wenn du den kritischen Filter ablegst, durch den du auf dich selbst blickst, kannst du auch deine vielen positiven Qualitäten sehen und neue, bestätigende Erfahrungen zulassen.

- **Der Vergleich als Eintrittskarte zum Unglück**

Wir alle vergleichen uns mit anderen Menschen. Leider vergleichen wir uns oft auf sehr ungünstige und irrationale Weise. Anstatt uns mit unerreichbaren Standards zu messen und Vergleiche herzustellen, die keinen Sinn ergeben, sollten wir uns mit uns selbst messen und so täglich ein kleines Stück weiterentwickeln.

- **Bin-Ich, Soll-Ich, Wunsch-Ich**

Das Konzept unserer drei Ichs zeigt sehr schön, wie unser Selbstbild durch internalisierte Standards geprägt ist. Je realistischer und differenzierter unser Selbstbild (Bin-Ich) wird und je mehr wir es schaffen, irrationale Ansprüche (Soll-Ich) an uns durch realistische Ansprüche zu ersetzen, desto eher erreichen wir Selbstakzeptanz. Wir können uns dadurch unserem Wunsch-Ich annähern und authentischer und befreiter leben.

- **Fortschritt ist nie linear**

Die Reise zu Selbstakzeptanz und Authentizität ist keine lineare, sondern eine fortwährende, mit Höhen und Tiefen. Es ist eine Reise, die dir erlaubt, menschlich zu sein, Konflikte zu bewältigen, tiefere Verbindungen einzugehen und deine Einzigartigkeit anzuerkennen. Auch Rückschläge sind ein Teil der Reise und nicht so tragisch, wenn du sie nicht als persönliches Versagen, sondern als ganz natürlichen Teil des Lernprozesses einordnen kannst.

**WIE MAN SICH WÜNSCHT, DASS FORTSCHRITT AUSSIEHT**

**WIE FORTSCHRITT WIRKLICH AUSSIEHT**

Jeder Schritt, den du
für dich setzt,
wird dich einem erfüllten
Leben näher bringen.

# 5.

# Von der Vision zur Wirklichkeit

Im letzten Kapitel unseres Buches geht es um Mut und die Umsetzung des Gelernten. Denn was helfen uns all die Erkenntnisse, wenn wir sie nicht anwenden? Wenn du es bis hierher geschafft hast, hast du bereits den Mut aufgebracht, ernsthaft zu reflektieren und ehrlich zu dir zu sein. Das ist nicht selbstverständlich! Das, was du dadurch über dich selbst in Erfahrung bringen konntest, wird dir auf deinem weiteren Weg zu einer glücklichen Beziehung dienen – du musst nur noch die entsprechenden Schritte setzen!

Eine Veränderung
erfordert immer Mut,
da man sich von dem
entfernt, was man
bisher kannte.

# DIE SELBSTWIRKSAMKEIT

**Mutig zu sein bedeutet, die Dinge zu tun,** die für dich richtig sind und die dich weiterbringen, selbst wenn es eine Überwindung ist. Es bedeutet nicht, dass man keine Unsicherheit oder Angst empfindet, oder dass man rücksichtslos oder waghalsig sein muss. Aus unserer Sicht bedeutet mutig zu sein, die Bereitschaft aufzubringen, sich neuen Situationen zu stellen und die Gefühle, die diese vielleicht mit sich bringen können, auszuhalten. Es wird keine Veränderung geben, wenn wir nicht aktiv etwas verändern. Wir brauchen also Mut, um die Dinge, die wir uns vorgenommen haben, auch wirklich umzusetzen. Wir brauchen den Glauben daran, etwas verändern zu können und die Erkenntnis, dass wir uns die Kontrolle über unser (Liebes-) Leben zurückholen können.

**Dieses Vertrauen in die eigene Fähigkeit,** Herausforderungen zu bewältigen und das eigene Leben positiv beeinflussen zu können, bezeichnet man auch als Selbstwirksamkeit[(5)]. Die Überzeugung, dass man durch das eigene Handeln Einfluss auf Ereignisse und Ergebnisse nehmen kann, um gewünschte Ziele zu erreichen, ist eine richtige Superkraft. Sie hilft dir dabei, dich auch schwierigen Situationen zu stellen und motiviert dich dazu, deine persönlichen Ziele zu verfolgen. Die Entwicklung von Selbstwirksamkeit erfolgt durch positive Erfahrungen und Erfolge, besonders wenn sie auf eigenen Anstrengungen basieren. Wir entwickeln dadurch die Einstellung: »Ich schaffe das!«.

**Um das zu erreichen, ist es wichtig,** bewusst Herausforderungen anzugehen, die man bewältigen kann, um auf diese Weise Erfolgserlebnisse zu erzielen. Bewältigbare Herausforderungen erfordern deine bereits vorhandenen Fähigkeiten, sind jedoch trotzdem unangenehm oder anspruchsvoll. Diese kleinen Schritte außerhalb der Komfortzone haben eine große Wirkung und stärken nachhaltig deine Fähigkeit, auch größere Herausforderungen zu bewältigen. Du tastest dich also schrittweise voran und wirst dadurch immer selbstsicherer. Durch dieses schrittweise Vorgehen kannst du deine Unsicherheiten abbauen und dein Leben sowie deine Beziehungen mutig und selbstbestimmt gestalten. Das mit dem Mut ist also auch eine Übungssache. Genau wie einen Muskel, den man immer wieder trainieren muss, damit er stärker wird, trainiert man auch den eigenen Mut. Und genau wie beim körperlichen Training sollte man es nicht übertreiben, sondern sich schrittweise steigern, um Verletzungen und Überforderungen zu vermeiden. Läuft man vor Situationen, die einem Angst machen, davon oder vermeidet sie gänzlich, wächst jedoch auch die Angst vor ihnen. Man bestätigt sich durch dieses Verhalten immer wieder selbst, dass die Angst berechtigt ist, denn ansonsten würde man es ja einfach tun. Diesen negativen Kreislauf gilt es zu durchbrechen!

**DER WEG ZUR VERÄNDERUNG**

»Es ist eine wichtige Fähigkeit,
die Dinge so zu sehen, wie sie sind,
und nicht so, wie wir möchten,
dass sie sind.
Erst mit dieser Klarheit können wir
echte Veränderungen bewirken.«

Caroline

**Wir Menschen wollen oft eine Veränderung herbeiführen.** Wir wollen unsere Ziele erreichen. Wir wollen lieben und wir wollen geliebt werden. Aber wir wollen all das, ohne dabei Angst oder andere unangenehme Gefühle ertragen zu müssen, und das ist leider unrealistisch. Wenn du damit beginnst, die Inhalte der vorangegangenen Kapitel in deinem Alltag umzusetzen, kann sich das anfangs sehr ungewohnt oder sogar unangenehm anfühlen. Setzt du zum ersten Mal in deinem Leben Grenzen, könnte es sein, dass du Schuldgefühle entwickelst oder du mit negativen Reaktionen umgehen lernen musst. Das bedeutet dann nicht, dass du falsch gehandelt hast, es bedeutet lediglich, dass du etwas Neues erlebst. Aber genau deswegen fällt es vielen Menschen schwer, aus dem negativen Kreislauf auszubrechen. Die erlernten Schuldgefühle sagen uns nämlich dann, dass es doch besser wäre, wieder nachzugeben und vielleicht auch, dass wir uns viel zu wichtig nehmen. Oft versucht unser innerer Kritiker uns in solchen Situationen wieder »auf den Boden« zu holen und legt uns negative Gedanken in den Weg. In diesen Momenten sollten wir uns unbedingt bewusst machen, wie wichtig wir und unsere Gesundheit sind, und lernen, negative Gefühle auch einfach mal auszuhalten.

**Wenn du es bisher allen Menschen** in deinem Leben recht gemacht hast oder Konflikten aus dem Weg gegangen bist, konntest du bisher keine Toleranz für negative Gefühle entwickeln und musst diese erst aufbauen. Denn es ist absolut okay, wenn mal jemand wütend, enttäuscht oder verärgert auf dich reagiert – das kannst du nicht verhindern. Und es ist genauso okay, wenn du vielleicht Schuldgefühle empfindest, weil du dich selbst einmal zur Priorität gemacht hast. Diese unangenehmen Erlebnisse gehören untrennbar zur menschlichen Erfahrung dazu und wir müssen lernen, sie zu akzeptieren. Der wichtigste Schritt, den du setzen kannst, ist daher, dich auch diesen unangenehmen Gefühlen zu stellen und nicht in die Vermeidung zu gehen. Auch wenn dein erster Impuls vielleicht ist, dich abzulenken oder an gewohnten Mustern festzuhalten, um die negativen Gefühle oder ein mögliches Scheitern zu vermeiden, führt da kein Weg daran vorbei – nicht, wenn du willst, dass sich etwas verändert. Wir können nicht in die Zukunft blicken und wir haben keine Garantie dafür, dass wir nicht scheitern oder nicht wieder verletzt werden. Wir können nur von Tag zu Tag an uns arbeiten, um schließlich die Früchte unserer fleißigen Arbeit zu ernten – wie auch immer diese Früchte für dich aussehen mögen!

**Es ist nun also an der Zeit, die letzten Übungen zu machen,** in denen du deine mutigen Ziele und ganz konkrete Pläne formulierst, um direkt in die nachhaltige Umsetzung der Inhalte zu kommen. So kannst du deinen Fokus und dein Handeln rasch wieder in Einklang mit deinen Werten und deinen Zielen bringen, selbst wenn es einmal schwierig wird.

## WIE MAN ÄNGSTE ABBAUT

**Wenn wir unsere Komfortzone verlassen,** treten wir in unbekanntes Terrain ein, das oft von Ungewissheit und neuen Erfahrungen geprägt ist. Es ist absolut normal und zutiefst menschlich, dass das in uns Gefühle wie Unsicherheit, Unbehagen und Ängste auslösen kann. Den entscheidenden Unterschied macht, wie wir mit diesen Situationen umgehen. Unbewusst festigen wir unsere Ängste durch unser Verhalten nämlich eher, als dass wir sie abbauen. Das kommt daher, dass bestimmte Verhaltensweisen dazu neigen, negative Denkmuster und emotionale Reaktionen zu verstärken. Wenn wir uns oder unsere Fähigkeiten eher negativ einschätzen oder uns ständig vorstellen, dass etwas Schlimmes passieren wird, verstärken wir dadurch unsere Ängste. Wir neigen dann eher dazu, die Situationen, die in uns Angst auslösen, konsequent zu vermeiden und bestätigen dadurch die Vorstellung, dass diese Situationen wirklich gefährlich sind. Diese negativen Denkmuster und das resultierende Vermeidungsverhalten verstärken dann die Überzeugung, dass die Angst gerechtfertigt ist. Es kommt zu einem Teufelskreis, der die Angst und unsere bekannten Verhaltensmuster aufrechterhält.

*»Als erwachsene Menschen können wir nicht erwarten, dass sich andere um die Erfüllung unserer Bedürfnisse kümmern – wir müssen es selbst in die Hand nehmen.«*

Alexander

# Der Teufelskreis der Angst

- **Auslöser:** Wir erleben unbekannte, unangenehme oder herausfordernde Situationen.
- **Gefühl:** Der Auslöser triggert in uns eine Stressreaktion – wir erleben Angst oder Unbehagen.
- **Gedanke/Bewertung:** Wir bewerten das Gefühl der Angst ganz automatisch: „Das fühlt sich nicht gut an, also muss es falsch sein", „Ich kann das nicht".
- **Verhalten:** Wir verhalten uns entsprechend unserer Bewertung, z. B. durch ein Vermeiden der Situation oder den Rückfall in bekannte Muster, die uns Sicherheit geben.
- **Verstärkung:** Durch unser Verhalten wird das Gefühl von Angst reduziert. Die Verhaltensweise prägt sich als „sinnvoll" ein und wird gefestigt. Beim nächsten Mal reagieren wir wieder gleich. Wir können dadurch nicht an der Situation wachsen.

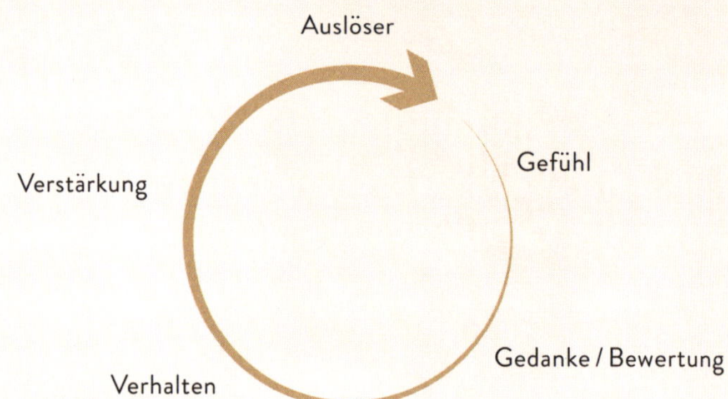

**Dein Verhalten und deine Denkmuster** sind jedoch veränderbar und du kannst diesen lähmenden Teufelskreis durchbrechen. Das erfordert jedoch, dass du dich unangenehmen Situationen stellst und dich anders verhältst, als du es normalerweise tun würdest. Anstatt bei Angst »nachzugeben«, das heißt die Situation zu vermeiden oder sie mit schädlichen Mustern zu bewältigen, kannst du lernen, konstruktiv mit ihr umzugehen. Das bedeutet, ganz bewusst wahrzunehmen, dass du Angst hast, und das Gefühl einfach mal auszuhalten – denn vom Vermeiden oder Ignorieren verschwindet sie ohnehin nicht. Dadurch erkennst du, dass die Angst nicht gefährlich ist, sondern nur unangenehm. Anstatt dich also gegen sie zu wehren und dich dadurch von ihr blockieren zu lassen, kannst du sie dir als treibende Kraft an deine Seite holen. Du gehst den Schritt, der dir Angst macht, dann nicht ohne Angst, sondern gemeinsam mit der Angst. Das mag dir vielleicht paradox erscheinen, doch es macht das Ganze deutlich leichter.

**Tipp:** Stelle dir bildlich vor, wie deine Angst vor einer bestimmten Situation vor dir steht. Womöglich ist sie sehr groß und du siehst kaum an ihr vorbei, oder du willst sie am liebsten gar nicht anschauen. Nimm sie dennoch wahr, denn sie ist real. Stell dir dann vor, wie du deine Angst neben dich oder hinter dich hinstellst. Sie will dir nichts Böses – sie steht dir nur im Weg. An deiner Seite oder in deinem Rücken kann sie dich jedoch mit ihrer Kraft unterstützen.

**DU GEGEN DIE ANGST**
**VS.**
**DU MIT DER ANGST**

Sie blockiert dich nicht, sondern geht den Weg zusammen mit dir. Diese Visualisierung kann dir dabei helfen, in angstauslösenden Situationen aus der Lähmung oder Vermeidung auszubrechen und handlungsfähig zu werden.

**Auf diese Weise kannst du Schritt für Schritt** deine Komfortzone erweitern und deine Ängste und Unsicherheiten abbauen. Die Selbstwirksamkeit ist dabei der Schlüssel, der dich dazu ermutigt, die Grenzen des Vertrauten zu überwinden und neue Wege zu beschreiten. Es ist klar, dass das nicht von jetzt auf gleich möglich ist – und das ist auch gut so. Denn es ist wichtig, dass du dich nicht zu schnell zu weit aus deiner Komfortzone herauswagst und dich dadurch überforderst. Gerade wenn du dabei bist, deine Fähigkeiten zu stärken, solltest du diese nach und nach testen und festigen, indem du dich in Situationen begibst, die zwar etwas unangenehm für dich sind, aber die du meistern kannst. Dadurch kannst du schnelle Erfolgserlebnisse machen und deine Selbstwirksamkeit steigern. In Summe werden dich diese kleinen Schritte dann schneller an dein Ziel bringen, als du vielleicht denkst.

## DIE SELBSTWIRKSAMKEITSKREISE

Ein anschauliches Modell für diese Schritte aus der Komfortzone stellen die *Selbstwirksamkeitskreise* dar. Um deine Selbstwirksamkeit zu steigern und deine Komfortzone zu verlassen, benötigst du eine klare Vorstellung davon, wo du hin willst.

### Die 4 Selbstwirksamkeitskreise sind folgendermaßen aufgebaut:

1. Kreis: **»Meine Komfortzone – damit fühle ich mich wohl.«**
   - Das sind deine üblichen Verhaltensmuster
2. Kreis: **»Das ist mir unangenehm, aber es ist möglich.«**
   - Kleinere Überwindungen und Herausforderungen
3. Kreis: **»Das ist mir sehr unangenehm, aber möglich, wenn es sein muss.«**
   - Größere Überwindungen und Herausforderungen
4. Kreis: **»Das ist für mich (noch) unmöglich.«**
   - Aktuell unüberwindbare Herausforderungen

Du kannst dieses Modell nutzen, um Schritte für aktuelle Themen und Herausforderungen zu definieren. Suche dazu für jeden Kreis passende Beispiele in Bezug auf dein Datingleben oder deine Beziehungen, oder auf die Schritte, die du für deine persönliche Entwicklung setzen möchtest. Am besten sammelst du für eine bestimmte Situation oder Herausforderung passende Handlungen für die vier Kreise, du kannst die Kreise jedoch auch mit vollkommen verschiedenen Situationen und Handlungen füllen. Sei dabei ehrlich zu dir selbst und frage dich, wie schwierig die jeweilige Situation für dich ist, um zu vermeiden, dass du dich mit zu großen Schritten überforderst. Gehe nun Kreis für Kreis vor und stelle dich den Situationen, die du aufgeschrieben hast. Beginne im zweiten Kreis, mit den Dingen, die für dich unangenehm, aber dennoch machbar sind – hier wirst du schnelle Erfolge erzielen, wenn du die Situationen erfolgreich meistern kannst! Konzentriere dich dabei auf deine Ziele und die Gründe, warum du sie erreichen möchtest und vermeide, in gewohnte Verhaltensmuster (z.B. Vermeidung, Nachgeben, etc.) hineinzufallen. Suche gezielt nach Gelegenheiten, um neue Verhaltensweisen zu üben und sei nicht entmutigt, wenn es nicht auf Anhieb klappt. Manchmal muss man sich einer Situation mehrmals aussetzen bis es einfacher wird, aber du wirst bemerken, dass deine Unsicherheiten oder Ängste sich nach und nach reduzieren werden.

**Hinweis:** In Situationen, die in dir Stress auslösen, sind die Anti-Stress-Übungen aus Kapitel 2 ideal, um dich vor oder nach der Erfahrung schnell wieder in einen Zustand der Entspannung zu versetzen. Das kann es deutlich leichter machen, dich diesen Situationen trotz Angst oder Unbehagen auszusetzen.

**Wenn du alle Situationen aus Kreis 2 gemeistert hast,** weitet sich deine Komfortzone auf diesen Bereich aus – das bedeutet, dass das, was vor Kurzem noch unangenehm war, nun etwas ist, mit dem du dich ebenfalls wohlfühlst. Du hast deine Selbstwirksamkeit gestärkt und konntest deine Ängste abbauen. Feiere diese Erfolge, denn du hast sie dir hart erarbeitet! Der 3. Kreis wird nun zu deinem nächsten Kreis. Begib dich wieder systematisch in die Situationen, die du hier aufgeschrieben hast und nutze deine neu gewonnenen Fähigkeiten, um sie zu meistern. Auf diese Weise kannst du dich bis zum 4. Kreis vorarbeiten.

**Hier sind ein paar Beispiele, mit welchen Inhalten du die 4 Kreise füllen könntest:**

## Beispiel 1: Dating

1. **Kreis:** Ich bleibe in vertrauten Umgebungen, auch wenn ich dort niemand Neuen kennenlerne.
2. **Kreis:** Ich gehe gemeinsam mit Freund:innen auf eine Veranstaltung.
3. **Kreis:** Ich verfolge auch alleine Aktivitäten, bei denen ich mit neuen Leuten in Kontakt komme.
4. **Kreis:** Ich gehe aktiv auf fremde Menschen zu.

## Beispiel 2: Bedürfnisse

1. **Kreis:** Ich überlasse der anderen Person die Führung und passe mich eher an.
2. **Kreis:** Ich sage gleich zu Beginn, nach welcher Art von Beziehung ich suche.
3. **Kreis:** Ich spreche offen über meine konkreten Bedürfnisse und Grenzen.
4. **Kreis:** Ich spreche auch aktiv an, was am Verhalten der anderen Person stört.

## Beispiel 3: Grenzen

1. **Kreis:** Wenn jemand meine Grenze überschreitet, ärgere ich mich zwar darüber, unternehme aber nichts.
2. **Kreis:** Ich kommuniziere meine Grenzen, wenn es um einfache Themen geht.
3. **Kreis:** Ich ziehe auch klare Grenzen bei Themen, die zu Konflikten führen könnten.
4. **Kreis:** Ich ziehe die nötigen Konsequenzen, wenn meine Grenzen weiterhin überschritten werden (z. B. Kontakt einschränken oder abbrechen).

# Übung 14: Selbstwirksamkeitskreise

Befülle die Kreise mit passenden Situationen und Handlungen.

Das ist für mich (noch) unmöglich.

Das ist mir sehr unangenehm,
aber möglich, wenn es sein muss.

Das ist mir unangenehm,
aber es ist möglich.

Damit fühle ich
mich wohl.

## DER CIRCLE OF CONTROL

**Um unsere Selbstwirksamkeit zu stärken,** müssen wir das Gefühl erleben, dass wir durch unsere Handlungen einen Einfluss auf unser Leben nehmen können. Nun ist es jedoch so, dass wir nicht über alles in unserem Leben Kontrolle haben. Wir müssen daher lernen, uns auf die Dinge zu konzentrieren und die Dinge zu beeinflussen, die tatsächlich veränderbar sind. Das Konzept des »Circle of Control« (Kreis der Kontrolle) stammt aus der stoischen Philosophie und wurde von Stephen Covey weiterentwickelt[(6)]. Es kann dir dabei helfen zu erkennen, welche Dinge das genau sind. Der Circle of Control trifft eine klare Unterscheidung zwischen Dingen, die von uns direkt beeinflusst werden können, und jenen, auf die wir keinen direkten Einfluss haben. Für die Dinge, die innerhalb deines Circle of Control, also innerhalb deines eigenen Einflussbereichs, liegen, bist du selbst zuständig. Hier gilt es, die Verantwortung für dein Handeln zu übernehmen und nicht ständig externe Umstände für Ergebnisse verantwortlich zu machen.

**Außerhalb des Circle of Control liegt das,** was dich zwar betrifft, aber was du nicht kontrollieren kannst. Man spricht hier auch vom »Circle of Concern« – also dem Kreis deiner Bedenken. Häufig verschwenden wir sehr viele Gedanken und Sorgen an die Themen innerhalb dieses Bereichs und fühlen uns frustriert oder hilflos, weil wir nichts an ihnen verändern können. Um Energieverluste und Frustrationen zu vermeiden, die aus dem Versuch entstehen, Dinge zu kontrollieren, die außerhalb deines Einflussbereichs liegen, solltest du dich daher nicht auf diesen Bereich fokussieren. Wenn du hingegen deine Energie auf deinen Circle of Control richtest, kannst du dich nicht nur von unnötigem Stress befreien – du kannst auch viel effektiver handeln und fundierte Entscheidungen treffen, wenn du dich auf das Machbare konzentrierst.

Dieses einfache Konzept kann dir auf diese Weise dabei helfen, deine Selbstwirksamkeit weiter zu stärken und deine Haltung gegenüber den Herausforderungen des Lebens positiv zu beeinflussen.

Um deinen eigenen Circle of Control zu definieren, ist es wichtig zu verstehen, dass nicht alles, was du beeinflussen kannst, auch unter deiner direkten

## DIE EIGENE ENERGIE RICHTIG INVESTIEREN

**Circle of Control**

Beinhaltet Umstände und Themen, über die du **direkte Kontrolle** hast.

**Investiere deine Zeit, Energie und Emotionen hier!**

←

**Circle of Concern**

Beinhaltet Umstände und Themen, die dich betreffen, aber auf die du **keinen direkten Einfluss** hast.

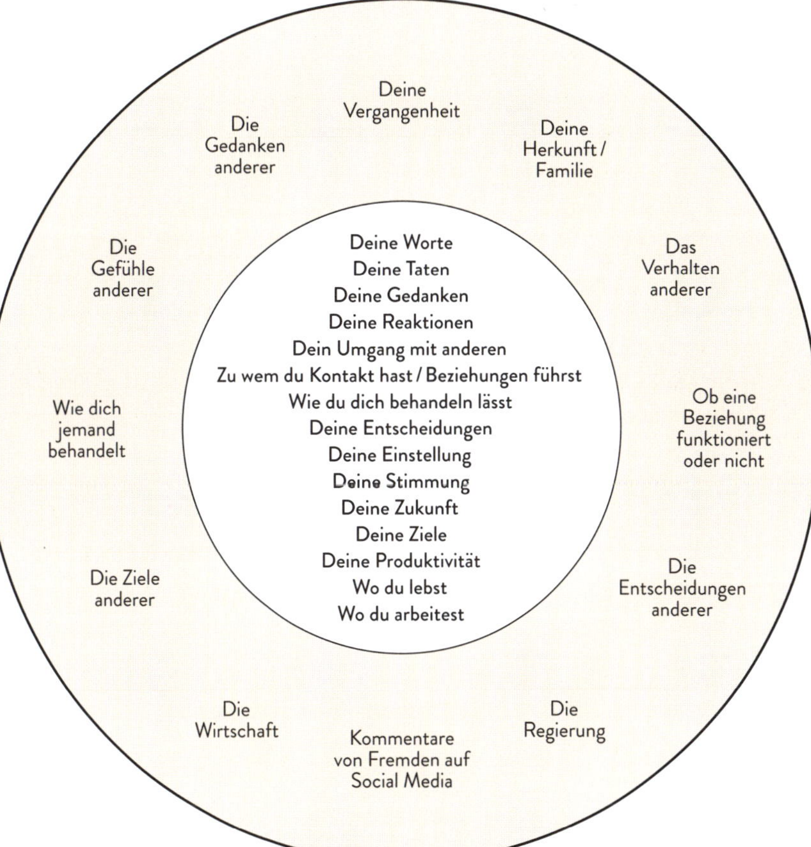

Kontrolle steht. Unterscheide daher zwischen den Dingen, auf die du direkten Einfluss nehmen kannst, und solchen, bei denen du nur einen indirekten Einfluss hast. Du kannst dich dabei auf konkrete Situationen und Veränderungen beziehen, die du dir aktuell wünschst. Auch Aspekte deines Lebens, die für deine persönliche Entwicklung relevant sind, sind passende Inhalte für deinen Circle. Dies könnten zum Beispiel deine Gesundheit, deine Beziehungen, deine beruflichen Ziele usw. sein.

**Tipp:** Du kannst deinen Circle of Control auch in Bezug auf deine zuvor definierten Selbstwirksamkeitskreise nutzen. Konzentriere dich dabei auf Handlungen und Entscheidungen, die innerhalb deines Circle of Control liegen. Frage dich, welche Schritte du selbst unternehmen kannst, um positive Veränderungen in den beeinflussbaren Bereichen zu bewirken.

**Die Definition deines eigenen Circle of Control** ist ein fortlaufender Prozess, der Achtsamkeit und die Bereitschaft erfordert, Veränderungen in der Wahrnehmung vorzunehmen und sich auf neue Perspektiven einzulassen. Es ist eine ständige Übung in Selbstreflexion, die auf der wichtigen Fähigkeit beruht, die Dinge so zu sehen, wie sie sind, und nicht so, wie wir möchten, dass sie sind. Überprüfe auch regelmäßig selbst, ob du deine Energien auf die Dinge fokussierst, die wirklich in deiner Kontrolle liegen und passe gegebenenfalls deine Definition des Circle of Control an. Manchmal ändern sich die Umstände und indem du bereit bist, dich anzupassen und flexibel bleibst, wird es dir leichter fallen, mit Veränderungen umzugehen.

Du kannst immer
etwas verändern –
entweder im Außen
oder in deinem
Inneren.

# DER UMGANG MIT DEM INNEREN KRITIKER

**Jetzt haben wir bereits so viel über den Weg zur Veränderung gesprochen,** dürfen aber eine kleine Sache nicht vergessen: Manchmal legt uns unser innerer Kritiker dabei ziemliche Steine in den Weg. Er ist die kleine Stimme aus dem »Off«, die uns in Momenten der Unsicherheit zuflüstert, dass wir versagen werden, dass es zu riskant ist, dass wir uns lieber nicht zu weit aus dem Fenster lehnen sollten. Und diese leise Stimme hat leider ganz schön viel Macht über uns, denn sie spricht genau unsere schlimmsten Befürchtungen und größten Ängste aus. Unser innerer Kritiker will nicht, dass wir mutig sind und über unsere Ängste hinauswachsen – er will, dass wir genauso weitermachen wie bisher und uns dabei am besten auch noch ein bisschen schlecht fühlen. Die Frage ist nur, ob du ihn dabei unterstützt, oder dich dazu entscheidest, ihm immer wieder mutig die Stirn zu bieten. Denn der Kritiker ist ein Teil von dir, der dich dein Leben lang begleiten wird und es ist deine Lebensaufgabe, dich ihm entgegenzustellen. In jedem Heldenepos braucht es einen übermächtigen Gegner, für jeden Superheld muss es einen fiesen Bösewicht geben. Wie langweilig wären all diese Geschichten ohne sie?

**Als Menschen brauchen wir Widrigkeiten,** um wirklich wachsen zu können, ansonsten befinden wir uns in ewiger Stagnation – und das macht doch keinen Spaß. Wir müssen uns daher unseren Gegnern stellen, auch dann, wenn sie ein Teil von uns sind. Nimm daher die Herausforderung an und biete deinem inneren Kritiker etwas Kontra! Das Problem an diesen Gedanken des inneren Kritikers ist, dass sie ungefiltert deine Wahrnehmung durchdringen. Meist werden sie nicht kritisch hinterfragt oder widerlegt, sondern einfach als wahr hingenommen – dadurch verinnerlichen wir sie jedoch und trennen sie nicht von unserer eigenen Wahrheit. Die Stimme des Kritikers wird zu unserer eigenen Stimme, die uns auf unsere Unzulänglichkeiten und ihre schwerwiegenden Folgen hinweist. Die Lösung besteht also darin, deinen inneren Kritiker einer ebenso genauen Prüfung zu unterziehen, wie er es mit

## MIT DEM NÖRGELMONSTER UMGEHEN

dir macht. Ähnlich wie beim Reality Check aus Kapitel 2 kannst du hinterfragen, ob es irgendwelche handfesten Beweise für die Aussagen deines Kritikers gibt. Es ist auch hilfreich, dich von der Stimme deines Kritikers zu distanzieren, indem du sie vom Rest deines Selbst trennst. Das bedeutet, dass du sie nicht mehr als deine eigene Stimme wahrnimmst, sondern als etwas, das von dir getrennt ist.

**Hör mal in dich hinein:** Wessen Stimme hat dein innerer Kritiker? Ist es die eines überkritischen Elternteils oder eines verletzten Anteils von dir? Häufig stammen die kritischen Worte nämlich gar nicht von uns, sondern sind das Produkt einer Erfahrung, die wir irgendwann gemacht haben. Wenn die Worte deines Kritikers gar nicht deinen eigenen Überzeugungen entstammen, kannst du dir diese andere Person oder den anderen Anteil vorstellen, der diese Gedanken äußert. Das kann dabei helfen, die Worte weniger persönlich zu nehmen.

**Ein anderer, etwas abstrakter Ansatz ist,** dir deinen inneren Kritiker wie ein kleines Wesen vorzustellen, dessen Aufgabe es ist, in dir Unruhe zu stiften und dich von wichtigen Schritten abzuhalten. Dieses kleine »Nörgelmonster« lässt sich also die wildesten Kritiken einfallen und sät hartnäckig Zweifel in dir, um seinen Job zu erfüllen. Du kannst dich jedoch bewusst dazu entscheiden, es einfach zu ignorieren, oder auch in einen spielerischen Dialog mit ihm gehen. Denn man muss ja auch nicht immer alles so ernst nehmen!

# Das solltest du dir aus diesem Kapitel merken

- **Mutige Schritte setzen**

Wissen und Verstehen sind wichtige Zwischenstopps auf dem Weg zu einer glücklichen Beziehung, aber schlussendlich bringt uns nur die Umsetzung an unser Ziel. Denn auch wenn wir uns alles an Wissen angeeignet haben, können wir negative Gefühle wie Ängste, Unsicherheit oder Zweifel nicht vermeiden. Mut bedeutet, das zu tun, was nötig und richtig ist, auch wenn wir uns dabei unsicher fühlen oder Angst haben.

- **Ängste durch Selbstwirksamkeit abbauen**

Angst kann einen ungünstigen selbstverstärkenden Kreislauf in Gang setzen, aus dem du nur durch eine Sache rauskommst: Du musst dich deiner Angst freiwillig stellen. Um das zu schaffen, brauchst du Vertrauen in deine Fähigkeiten und den Glauben daran, dass du durch dein Handeln dein Leben beeinflussen und steuern kannst. Um deine Selbstwirksamkeit zu üben, solltest du in kleinen, machbaren Schritten deine Komfortzone verlassen, um Überforderung zu vermeiden. Jeden kleinen Erfolg kannst du dann auch auf deinem „Selbstwertkonto" verbuchen.

- **Umgang mit deinem inneren Kritiker**

Lass dir nicht alle Kritiken gefallen und nimm sie nicht für bare Münze. Egal ob die negativen Gedanken von innen oder von außen kommen, kannst du sie genau auf ihren Wahrheitsgehalt prüfen, sie mit logischen Argumenten entkräften oder Gegenbeweise sammeln. Du kannst dich von deinem inneren Kritiker außerdem distanzieren, indem du seine Stimme von deiner eigenen trennst, oder ihn in einen fiktiven Antagonisten verwandelst.

Die Zukunft deiner glücklichen Beziehung beginnt bereits heute mit dir.

# DAS ENDE UND DER ANFANG EINER REISE

**Herzlichen Glückwunsch!** Wenn du an diesem Punkt angekommen bist, hast du eine spannende Reise durch die Tiefen deiner eigenen Beziehungsmuster hinter dir. Du hast erkannt, dass die Vergangenheit nicht länger deine Zukunft bestimmen muss und dass du die Macht besitzt, positive Veränderungen herbeizuführen. Dein Verständnis für die feinen Nuancen deiner eigenen Psyche ist gewachsen, und nun stehst du an der Schwelle zu einer neuen Phase deines Lebens. Die Erkenntnis, dass du nicht an deine alten Muster gebunden bist, sondern die Fähigkeit besitzt, bewusste Entscheidungen für dein Beziehungsleben zu treffen, ist der Schlüssel zu einem erfüllten Dasein. Dort, wo eine Reise endet, beginnt die nächste. In diesem Arbeitsbuch hast du Werkzeuge erhalten, um die Wurzeln deines Dating-Frusts zu verstehen und daran aktiv etwas zu verändern. Nun laden wir dich dazu ein, das Gelernte in die Praxis umzusetzen. Vertraue darauf, dass du eine glückliche Beziehung verdienst, und ermögliche dir selbst, sie auch zu erreichen.

**Öffne dich für neue Erfahrungen,** sei mutig, authentisch und vor allem liebevoll zu dir selbst. Sei aber auch geduldig mit dir, denn Veränderungen brauchen Zeit. Doch jeder kleine Schritt, den du machst, ist ein Schritt in Richtung einer erfüllten Beziehung. Jede Anstrengung, die du dafür unternimmst, ist bedeutsam, auch wenn es nicht immer einfach sein mag. In den Worten des berühmten Psychologen Carl Rogers: »Das, was eine derartige Veränderung ermöglicht, ist alles andere als leicht, aber es ist möglich. Das Leben, das es ermöglicht, ist lebendig, kreativ, entfaltet sich, es ist ein Prozess voller Freude und Schmerz, Unsicherheit und Sicherheit, immer offen für neue Erfahrungen.«

**Möge dein weiterer Weg voller Liebe, Selbstakzeptanz und wundervoller Verbindungen sein. Du verdienst das Beste – hab den Mut, es auch zu leben!**

# Ausgangsreflexion

Zum Abschluss wollen wir dich noch dazu einladen, die Erkenntnisse, die du gesammelt hast, in einigen wenigen Worten festzuhalten. Dies hilft dir dabei, das Gelernte zu verinnerlichen und direkt umzusetzen!

**Kapitel 1 – Wissen, wonach man sucht**

- Von diesen Werten möchte ich mich leiten lassen:

..........

..........

..........

**Kapitel 2 – Den eigenen Mustern auf der Spur**

- Diese(s) Muster möchte ich verändern:

..........

..........

..........

**Kapitel 3 – Selbstwert als Schlüssel zum Glück**

- Diesem Bedürfnis darf ich mehr Aufmerksamkeit schenken:

..........

..........

..........

**Kapitel 4 – Im Einklang mit sich selbst**

- Diese Regeln möchte ich loslassen:

..........

..........

..........

**Kapitel 5 – Von der Vision zur Wirklichkeit**

- Diese Schritte werde ich jetzt setzen:

..........

..........

..........

# Anhang

## FLUSSDIAGRAMM

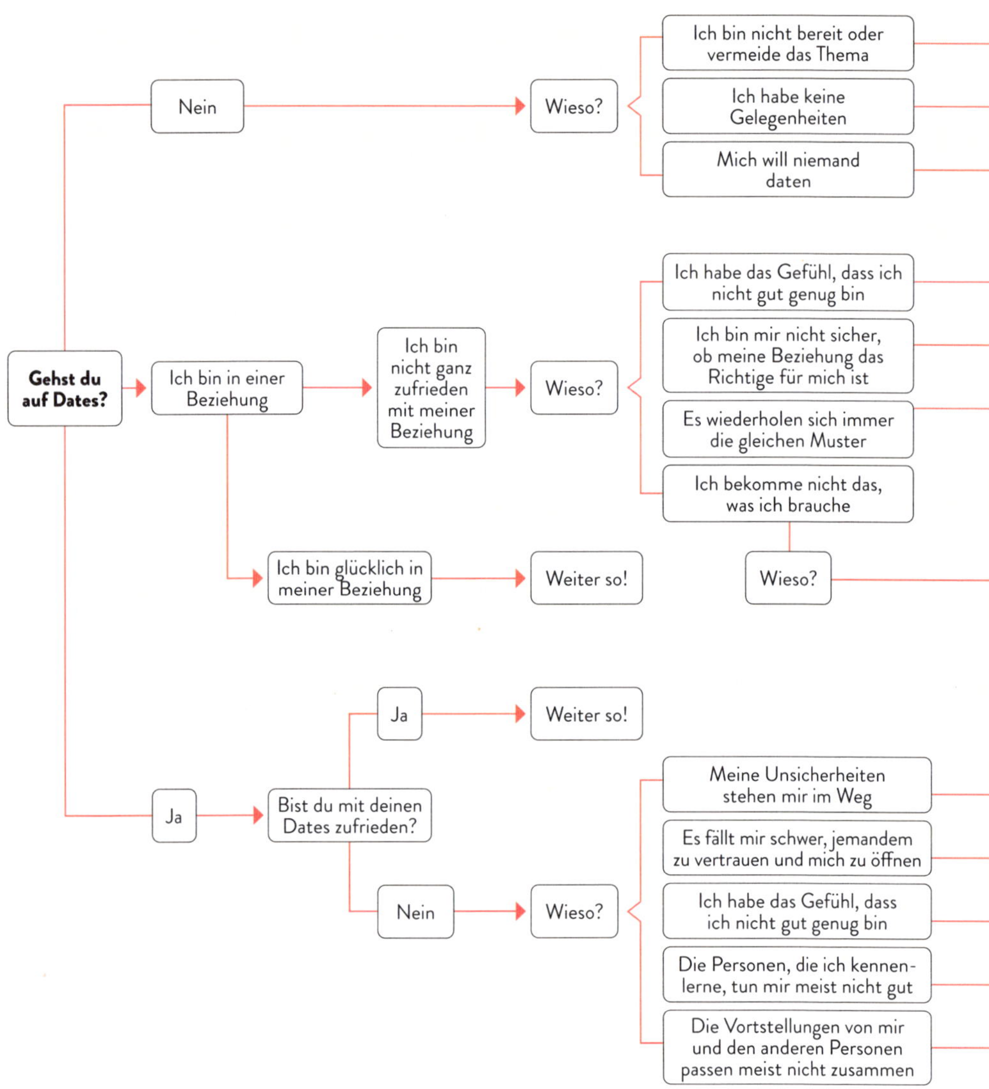

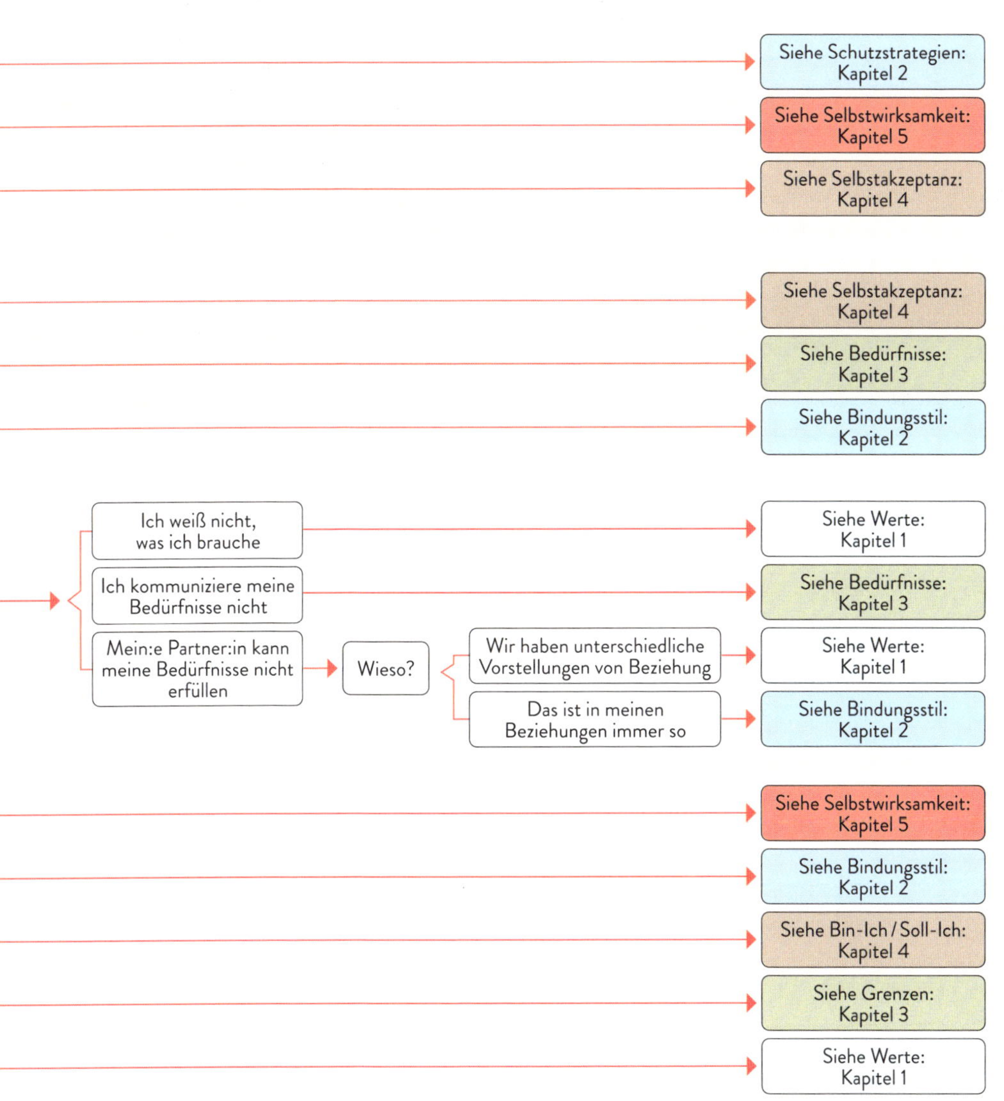
Siehe Schutzstrategien: Kapitel 2
Siehe Selbstwirksamkeit: Kapitel 5
Siehe Selbstakzeptanz: Kapitel 4
Siehe Selbstakzeptanz: Kapitel 4
Siehe Bedürfnisse: Kapitel 3
Siehe Bindungsstil: Kapitel 2
Ich weiß nicht, was ich brauche
Siehe Werte: Kapitel 1
Ich kommuniziere meine Bedürfnisse nicht
Siehe Bedürfnisse: Kapitel 3
Mein:e Partner:in kann meine Bedürfnisse nicht erfüllen
Wieso?
Wir haben unterschiedliche Vorstellungen von Beziehung
Siehe Werte: Kapitel 1
Das ist in meinen Beziehungen immer so
Siehe Bindungsstil: Kapitel 2
Siehe Selbstwirksamkeit: Kapitel 5
Siehe Bindungsstil: Kapitel 2
Siehe Bin-Ich / Soll-Ich: Kapitel 4
Siehe Grenzen: Kapitel 3
Siehe Werte: Kapitel 1

## DIE AUTOREN

**Caroline Hehenberger** ist eine leidenschaftliche Beobachterin der menschlichen Seele, die seit ihrer Jugend von der Faszination für ihre Vielfalt angetrieben wird. Durch ihr Psychologiestudium und ihre Weiterbildungen im Bereich des systemischen Coachings und der Sexualberatung konnte sie ein tiefes Verständnis für zwischenmenschliche Beziehungen und ihre Herausforderungen entwickeln. Aus ihrer Sicht ist es vor allem die Kraft der zwischenmenschlichen Verbindung, die es uns ermöglicht, uns zu entwickeln und positive Veränderungen zu erreichen. In ihrer Arbeit unterstützt Caroline Menschen auf ihrer Reise zu glücklichen Beziehungen - sowohl zu sich selbst, als auch zu anderen. www.carolinehehenberger.at

**Alexander Tiesenhausen** ist Psychologe und Sportwissenschaftler. Die Macht der Psyche und ihr Einfluss auf das menschliche Erleben haben ihn schon immer fasziniert. Durch sein Studium, eine jahrelange Tätigkeit in der psychologischen Praxis sowie privater Erfahrungen gilt er als Experte für Beziehungen und Selbstwert. Alexander hat mehrere Jahre in den USA studiert und begleitet und unterstützt heute Menschen dabei, sich ein Leben voller erfüllender Beziehungen aufzubauen und so ein positives Selbstwertgefühl zu entwickeln. Seine klaren und verständlichen Zugänge und Tipps haben ihm zu einer großen Social-Media-Reichweite verholfen. www.psycho.or.at

Unser Dank geht an alle, die dieses Projekt möglich gemacht und uns darin unterstützt haben. Ohne euch würde »Autor/ Autorin« immer noch auf unserer Liste der »Irgendwann-Mals« stehen.

Danke auch an all die wundervollen Menschen, die uns über die Jahre ihre Geschichten, Gedanken und Gefühle anvertraut haben. Ohne euch hätten wir dieses Buch nicht schreiben können.

Nicht zuletzt danken wir all jenen, die Teil unserer eigenen Reise zu erfüllten Beziehungen waren und es immer noch sind. Ohne euch wären
wir nicht dort, wo wir heute sind.

# QUELLEN & VERTIEFENDE RESSOURCEN

**Quellen:**

(1) Dr. Peter A. Levine, www.somatic-experiencing.de
(2) Bindungstheorie nach Bowlby, Robertson und Ainsworth
(3) Ryan und Deci (2017). Self-determination theory: Basic psychological needs in motivation, development, and wellness. The Guilford Press
(4) Chmielewski und Hanning (2021). Therapie-Tools Selbstwert, Beltz
(5) Bandura (1986). The Explanatory and Predictive Scope of Self-Efficacy Theory, Journal of Social and Clinical Psychology
(6) Covey (1989). 7 Habits of Highly Effective People, Gabal (deutsch: Die 7 Wege zur Effektivität)

**Vertiefende Ressourcen:**

- Levine (2012). Vom Trauma befreien, Kösel
- LePera (2021). Heile. Dich. Selbst., Piper
- Levine (2015). Warum wir uns immer in den Falschen verlieben, Goldmann
- Branden (2023). Die 6 Säulen des Selbstwertgefühls, Piper
- Tawaab (2021). Grenzen machen uns frei, Unimedica
- Harris (1976). Ich bin o.k. – Du bist o.k., Rowohlt

**Buchtitel:**

- Mancini, Alejandra & Cornelia Buchner: Trauma verstehen: Hilfe für Angehörige und Freunde. Nymphenburger 2022
- Schroth, Isabel: Ängste verstehen: Hilfe für Angehörige und Freunde. Nymphenburger 2020
- Vogt, Selina: Depression verstehen: Hilfe für Angehörige und Freunde. Nymphenburger 2024

# REGISTER

**Übungen**

# Was ist das Besondere am Frausein?

Weibliche Energien wie Ruhe, Intuition und Sensibilität wurden im Lauf der Jahre mehr und mehr durch männliche Energien wie Bewegung, Macht und Kraft in den Hintergrund gedrängt. Der Wunsch, eine erfüllte Frau zu sein und die weibliche Art zu leben, sowie das Interesse, dies ins Leben zu integrieren, kommen heute jedoch immer mehr zurück. Mit Anwendungen aus Yin Yoga, Aromatherapie und Meditation kann jede Frau ihre weibliche Energie entdecken und aktivieren.

Celia Schönstedt und Petra Schneider
LEBE DEINE WEIBLICHE ENERGIE
144 Seiten · ISBN 978-3-96860-057-4

kosmos.de/nymphenburger

## BILDNACHWEIS

12 Farbfotos wurden von Katja Koller für dieses Buch aufgenommen (S. 5, 14, 30, 55, 66, 75, 108, 123, 128, 132, 136; vordere Buchklappe).

Mit 4 weiteren Farbfotos: 1 von AdobeStock (S. 86 anatoliy_gleb), 3 von shutterstock (S. 32 SewCreamStudio, 62 ANDROMACHI, 106 kitzcorner)
Mit 22 Illustrationen von Daniela Petrini/Kosmos nach einer Vorlage von Caroline Hehenberger (S. 6, 9, 10, 23, 25, 26, 35, 45, 73, 74, 76, 77, 81, 82, 88, 94, 110, 115, 125)

## IMPRESSUM

Umschlaggestaltung von Gramisci Editorial Design, München / Claudia Geffert unter Verwendung eines Farbfotos von Katja Koller und einer Farbzeichnung von Hanna Niestegge. Das Foto zeigt die beiden Autoren.

Mit 17 Farbfotos und 23 Farbzeichnungen.

Alle Angaben in diesem Buch erfolgen nach bestem Wissen und Gewissen. Sorgfalt bei der Umsetzung ist indes dennoch geboten. Der Verlag und die Autoren übernehmen keinerlei Haftung für Personen-, Sach- oder Vermögensschäden, die aus der Anwendung der vorgestellten Materialien, Methoden oder Informationen entstehen könnten.

Unser gesamtes Programm finden Sie unter **kosmos.de/nymphenburger**

Gedruckt auf chlorfrei gebleichtem Papier

ISBN 978-3-96860-094-9
Projektleitung und Lektorat: Ramona Kapp
Gestaltungskonzept: Gramisci Editorial Design, München/Claudia Geffert
Gestaltung und Satz: Daniela Petrini, Reutte
Produktion: Nina Renz
Druck und Bindung: Finidr, s.r.o., Český Těšín
Printed in The Czech Republic / Imprimé en République Tchèque

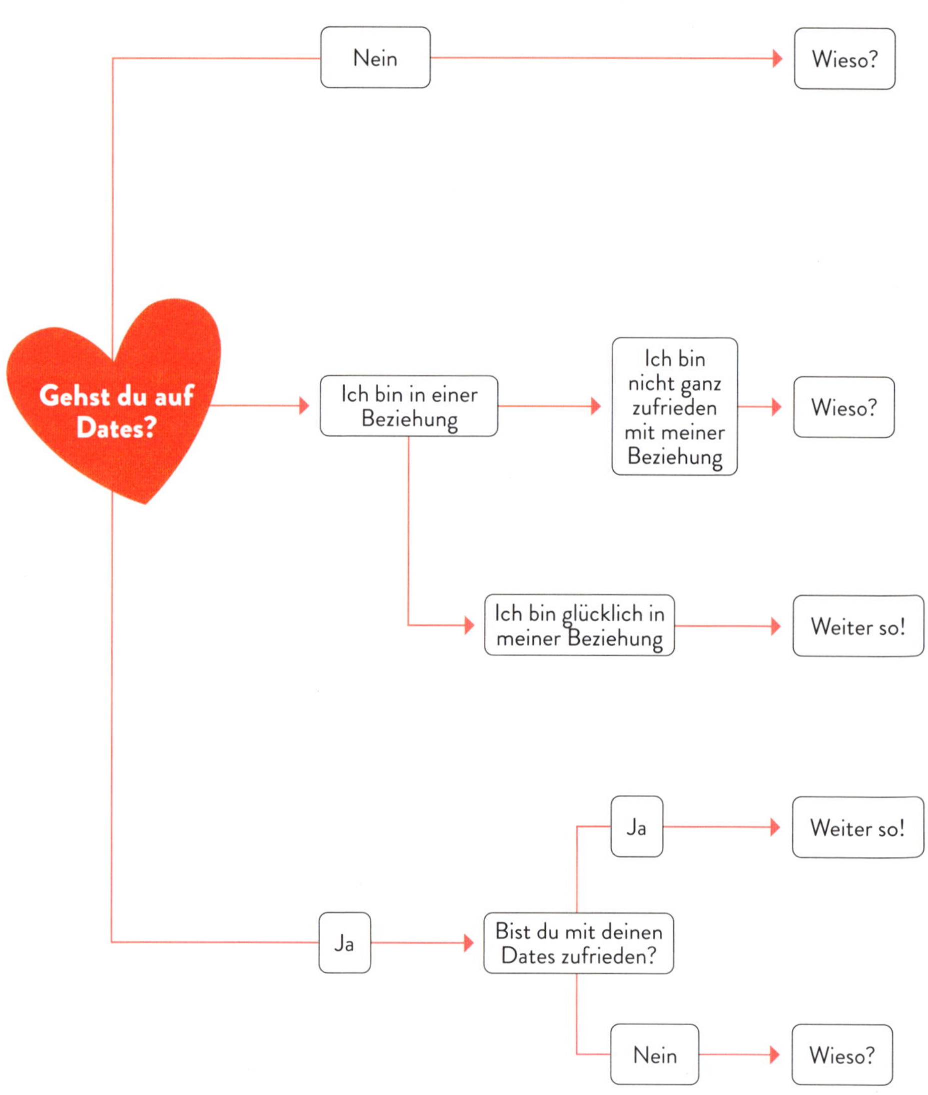
Gehst du auf Dates?
Nein
Wieso?
Ich bin in einer Beziehung
Ich bin nicht ganz zufrieden mit meiner Beziehung
Wieso?
Ich bin glücklich in meiner Beziehung
Weiter so!
Ja
Bist du mit deinen Dates zufrieden?
Ja
Weiter so!
Nein
Wieso?